O ESPAÇO GEOGRÁFICO:
ENSINO E REPRESENTAÇÃO

COLEÇÃO
REPENSANDO O ENSINO

R E P E N S A N D O
REPENSANDO O ENSINO
R E P E N S A N D O

O ESPAÇO GEOGRÁFICO:
ENSINO E REPRESENTAÇÃO

ROSÂNGELA DOIN DE ALMEIDA
ELZA YASUKO PASSINI

Copyright © 1989 das autoras

Todos os direitos desta edição reservados à
Editora Contexto (Editora Pinsky Ltda.)

Coleção Repensando o Ensino

Projeto gráfico e de capa Sylvio de Ulhoa Cintra Filho

Foto de capa Jaime Pinsky

Revisão Maria Aparecida Monteiro Bessana e Luiz Roberto Malta

Dados Internacionais de Catalogação na Publicação (CIP)
(Câmara Brasileira do Livro, SP, Brasil)

Almeida, Rosângela Doin de.
O espaço geográfico: ensino e representação / Rosângela Doin de Almeida, Elza Yasuko Passini. – 15. ed., 8ª reimpressão. – São Paulo : Contexto, 2023.
(Repensando o Ensino)

Bibliografia
ISBN 978-85-85134-47-1

1. Espaço – Percepção. 2. Geografia – Estudo e Ensino.
3. Mapas. 4. Percepção geográfica. I. Passini, Elza Yasuko.
II. Título. III. Série.

                    CDD-910.7
                    CDD-153.752
                    CDD-304.2
89-0821   CDD-912.014

Índices para catálogo sistemático:
1. Espaço: Geografia humana 304.2
2. Espaço: Percepção humana: Psicologia 153.752
3. Geografia: Estudo e ensino 910.7
4. Leitura de mapas: Geografia 912.014
5. Mapas: Leituras: Geografia 912.014

2023

EDITORA CONTEXTO
Diretor editorial: *Jaime Pinsky*

Rua Dr. José Elias, 520 – Alto da Lapa
05083-030 – São Paulo – SP
PABX: (11) 3832 5838
contato@editoracontexto.com.br
www.editoracontexto.com.br

Proibida a reprodução total ou parcial.
Os infratores serão processados na forma da lei.

SUMÁRIO

As Autoras no Contexto 7

1. Introdução 9

2. O Domínio Espacial no Contexto Escolar 11

3. A Importância da Leitura de Mapas 15
   A importância do mapa
   A leitura de mapas
   Mapeador x leitor de mapas

4. A Criança e as Relações Espaciais 26
   Evolução da noção de espaço
   Relações espaciais topológicas elementares
   Descentralização, conservação e reversibilidade
   Relações espaciais projetivas e euclidianas
   Perspectiva, coordenadas e categorias espaciais

5. Proposta de Procedimentos e Atividades 46

6. Conclusão 90

AS AUTORAS NO CONTEXTO

ROSÂNGELA DOIN DE ALMEIDA é graduada em geografia pela Faculdade de Filosofia, Letras e Ciências Humanas da USP.

Foi professora de geografia de 1º e 2º graus durante 12 anos, no Instituto Adventista de Ensino. Lecionou metodologia do ensino de estudos sociais na Faculdade Adventista de Educação.

Vem apresentando cursos e palestras para professores em inúmeras cidades, pelo convênio CENP-UNESP-USP-SE.

Atualmente desenvolve seu doutorado na Faculdade de Educação da USP; realiza pesquisas nas áreas de aprendizagem da leitura e escrita e ensino de geografia; e é professora assistente do Departamento de Educação da UNESP de Rio Claro, onde leciona prática de ensino de geografia.

ELZA YASUKO PASSINI é graduada em geografia pela Faculdade de Filosofia, Letras e Ciências Humanas da USP e atualmente faz pós-graduação em didática, na Faculdade de Educação da mesma universidade.

Durante 19 anos lecionou geografia no magistério público oficial. Atualmente trabalha, como monitora de geografia, na Oficina Pedagógica da 16ª Delegacia de Ensino, e leciona metodologia de ensino e de estudos sociais na Faculdade Adventista de Educação.

Realiza pesquisas para seu mestrado na USP sobre o tratamento teórico e metodológico da leitura de mapas em livros didáticos de estudos sociais e orienta as aulas de estudos sociais de professores de 1ª a 4ª séries do Colégio de Aplicação da Faculdade onde leciona.

INTRODUÇÃO

As crianças nem sempre compreendem os conceitos espaciais usados pelos adultos. Principalmente aqueles emitidos na escola. Dois exemplos tirados do contexto escolar podem ilustrar isso. O primeiro ocorreu quando um aluno, ao ler a localização do estado de São Paulo, não entendeu como ele poderia estar ao sul de Minas Gerais e ao mesmo tempo ao norte do Paraná. Não aceitava o fato de que uma localidade pudesse estar ao sul e ao norte ao mesmo tempo. Nesse caso, o aluno via os referenciais de localização de forma estática, centralizados no próprio referencial norte ou sul. Faltava-lhe a reversibilidade, isto é, considerar os referenciais a partir da perspectiva do estado de São Paulo.

O outro exemplo, citado por Veatchl,[1] corresponde ao clássico esquema do movimento de translação da terra ilustrado pela posição da terra no início de cada estação do ano. Ao assistirem uma exposição de *slides* com essa ilustração dois alunos da escola primária se admiraram ao ver quatro terras. Um deles comentou: "Eu não sabia que existiam quatro terras. Você sabia?" Ao que o outro indagou: "Em qual delas nós estaremos agora?"

Além de engraçado, esse episódio ilustra o fato de que para as crianças a representação do espaço envolve traços muito próximos ao real.

Como então, ensinar conceitos relativos à noção de espaço e de que forma representá-los?

Primeiramente, não cremos que se possa, de fato, ensinar conceitos. Além disso, a "incompreensão" ilustrada nos exemplos acima decorre, de um lado, da dificuldade inerente ao nível de compreensão da realidade em que as crianças envolvidas se encontravam; e, de outro, da forma como, na escola, os conceitos relativos à noção de espaço são trabalhados.

Tendo em vista esses aspectos, pretendemos, neste livro, discutir a importância do trabalho escolar sobre o espaço e sua representação. Isso será feito a partir de três pontos básicos:

• A construção da noção de espaço pela criança por meio de um processo psicossocial no qual ela elabora conceitos espaciais através de sua ação e interação em seu meio, ao longo de seu desenvolvimento psicobiossocial.

• A importância do aprendizado espacial no contexto sociocultural da sociedade moderna, como instrumento necessário à vida das pessoas, pois esta exige certo domínio de conceitos e de referenciais espaciais para deslocamento e ambientação; e mais do que isso, para que as pessoas tenham uma visão consciente e crítica de seu espaço social.

• O preparo para esse domínio espacial é, em grande parte, desenvolvido na escola, assim como o domínio da língua escrita, do raciocínio matemático e do pensamento científico, além do desenvolvimento das habilidades artísticas e da educação corporal.

A partir desses pontos, elaboramos este material que destinamos, principalmente, aos professores de 1° grau os quais, em diversas oportunidades, durante cursos e palestras, solicitaram-nos uma referência bibliográfica à qual pudessem recorrer na busca inicial de um estudo sobre o espaço, sua percepção e representação.

Nota

[1] Em A. Miel, (org.). *Criatividade no ensino*. São Paulo: Ibrasa, 1972, p. 157.

O DOMÍNIO ESPACIAL NO CONTEXTO ESCOLAR

Desde os primeiros meses de vida do ser humano delineiam-se as impressões e percepções referentes ao domínio espacial, as quais desenvolvem-se através de sua interação com o meio. Esse processo será melhor comentado no capítulo 3. No entanto, queremos ressaltar desde já que o desenvolvimento da concepção da noção de espaço inicia-se *antes do período de escolarização da criança,* que, em nosso país, começa por volta dos 7 anos com seu ingresso no 1º grau.

É na escola que deve ocorrer a aprendizagem espacial voltada para a compreensão das formas pelas quais a sociedade organiza seu espaço – o que só será plenamente possível com o uso de representações formais (ou convencionais) desse espaço.

Sabemos, porém, que o professor de 1º grau pouco aprende em seu curso de formação que o habilite a desenvolver um programa destinado a levar o aluno a dominar conceitos espaciais e sua representação. Dessa forma, no curso de 1º grau, além de outras deficiências, o preparo do aluno quanto a domínio espacial é muito precário. Isto será tratado mais detalhadamente no capítulo 2.

Nossa preocupação neste livro quanto ao domínio espacial refere-se ao seu desenvolvimento no sentido geográfico, pois a concepção do espaço e sua organização são subjacentes à análise geográfica em qualquer nível.

Vemos a geografia como ciência voltada para a análise da realidade social quanto à sua configuração espacial. A produção e organização do espaço pela sociedade moderna realizam-se através do processo de trabalho.

Na análise geográfica da organização social do espaço a relação sociedade/natureza se faz através do trabalho que, por ser um ato social, leva a transformações territoriais para a construção de espaços diferenciados conforme os interesses da produção no momento.

Não pretendemos tecer aqui maiores comentários sobre esse assunto, já bem desenvolvido na Proposta Curricular para o Ensino de Geografia no 1º grau[1]. Mas é necessário apoiar-nos nessa conceituação para justificar o desenvolvimento dos diversos aspectos do domínio espacial e sua representação, no ensino de 1º grau.

Para esclarecer melhor, tomamos emprestadas as afirmações da Proposta: "A territorialidade implica a localização, a orientação e a representação dos dados socioeconômicos e naturais, que contribuem para a compreensão da totalidade do espaço. (...) Localização/orientação/representação são, portanto, conhecimentos/habilidades integrantes do processo de trabalho e são utilizados de forma diferenciada, já que o trabalho também é diferenciado de acordo com a organização da sociedade"[2].

No ensino de 1º grau, esses conhecimentos/habilidades devem ser desenvolvidos e aprofundados desde a 1ª até a 8ª séries, pois são essenciais ao entendimento dos conceitos que possibilitam ao aluno realizar a análise geográfica.

Queremos ainda ressaltar que o trabalho de orientação, localização e representação deve partir do espaço próximo para o distante, porém não de forma concêntrica, mas num cotejamento permanente entre essas duas instâncias.

No capítulo 4 apresentamos atividades para o desenvolvimento do domínio espacial, partindo do espaço próximo para o distante. No entanto, salientamos que essa disposição não implica uma abordagem concêntrica das esferas espaciais. O professor deve estar consciente de que o espaço próximo para ser analisado precisa ser abordado em sua relação com outras instâncias espacialmente distantes. Nesse processo, a realidade é o ponto de partida e de chegada. De sua observação o aluno deve extrair elementos sobre os quais deve refletir e a partir disso ser levado à construção de conceitos.

Essa observação da realidade não é mera identificação de elementos. A partir do levantamento de dados, sua classificação, comparação com outros dados, etc., e consequente representação espacial, que na maior parte dos casos é feita através de mapas, o aluno chega a generalizações – percebe diversas áreas em que pode ser identificada a mesma situação.

Ressaltamos, no entanto, que a localização, ou mesmo o mapeamento dos aspectos observados, não encerra uma análise geográfica, ao contrário, marca seu início. Essa análise ocorre quando o aluno se reporta ao processo de produção do espaço e o confronta com a configuração espacial do mapa.

Ora, a compreensão do mapa por si mesma já traz uma mudança qualitativamente superior na capacidade do aluno pensar o espaço. O mapa funciona como um sistema de signos que lhe permite usar um recurso externo à sua memória, com alto poder de representação e sintetização.

Segundo Vygotsky "o uso de signos conduz os seres humanos a uma estrutura específica de comportamento que se desloca do desenvolvimento biológico e cria novas formas de processos psicológicos enraizados na cultura"[3].

Por isso a representação do espaço através de mapas permite ao aluno atingir uma nova organização estrutural de sua atividade prática e da concepção do espaço.

No entanto, isso somente ocorrerá se o aluno participou ativamente do processo de construção (reconstrução) do conhecimento através da prática escolar orientada pelo professor. E quanto ao domínio espacial envolve pré-aprendizagens relativas a referenciais e categorias essenciais ao processo de concepção do espaço.

Nosso propósito nos capítulos seguintes é apresentar aos professores de 1º grau subsídios – fruto de nossa experiência e sua

13

reflexão – estimulando-os a buscarem melhores caminhos para o trabalho com o domínio espacial.

Notas

[1] São Paulo (Estado) Secretaria da Educação/Coordenadoria de Estudos e Normas Pedagógicas, Proposta curricular para o Ensino de Geografia – 1º Grau, São Paulo, SE/CENP, 1988, p. 19.
[2] Idem, ibidem.
[3] L. S. Vygotsky, A formação social da mente, São Paulo, Martins Fontes, 1988.

A IMPORTÂNCIA DA LEITURA DE MAPAS

O que significa "ler mapas"?
Por certo, ler mapas não é apenas localizar um rio, uma cidade, estrada ou qualquer outro fenômeno em um mapa.
O mapa é uma representação codificada de um determinado espaço real. Podemos até chamá-lo de um modelo de comunicação, que se vale de um sistema semiótico complexo. A informação é transmitida por meio de uma linguagem cartográfica que se utiliza de três elementos básicos: sistema de signos, redução e projeção.
Ler mapas, portanto, significa dominar esse sistema semiótico, essa linguagem cartográfica. E preparar o aluno para essa leitura deve passar por preocupações metodológicas tão sérias quanto a de se ensinar a ler e escrever, contar e fazer cálculos matemáticos.
Vai-se à escola para aprender a ler e a contar; e – por que não? –, também para ler mapas.

A IMPORTÂNCIA DO MAPA

O mapa, um modelo de comunicação visual, é utilizado cotidianamente por leigos em suas viagens, consulta de roteiros, localização de imóveis, e por geógrafos, principalmente, de forma específica. O mapa já era utilizado pelos homens das cavernas para expressar seus deslocamentos e registrar as informações quanto às possibilidades de caça, problemas de terreno, matas, rios, etc. Eram mapas em que se usavam símbolos iconográficos e que tinham por objetivo melhorar a sobrevivência. Eram mapas topológicos, sem preocupação de projeção e de sistema de signos ordenados, mas os símbolos pictóricos eram de significação direta, sem legenda pois era a própria linguagem deles, a iconográfica.

Uma vez que a geografia é uma ciência que se preocupa com a organização do espaço, para ela o mapa é utilizado tanto para a investigação quanto para a constatação de seus dados. A cartografia e a geografia e outras disciplinas como a geologia, biologia caminham paralelamente para que as informações colhidas sejam representadas de forma sistemática e, assim, se possa ter a compreensão "espacial" do fenômeno.

O mapa, portanto, é de suma importância para que todos que se interessem por deslocamentos mais racionais, pela compreensão da distribuição e organização dos espaços, possam se informar e se utilizar deste modelo e tenham uma visão de conjunto.

Os espaços são conhecidos dos cientistas que os palmilham em suas pesquisas de campo, mas é o mapa que trará a leitura daquele espaço, mostrando a interligação com espaços mais amplos.

Assim, também, os leigos, ao se preocuparem com a organização do seu espaço, ou de forma mais cotidiana com deslocamentos mais racionais, ou circulações alternativas (congestionamentos, impedimentos) devem apelar para o mapa.

Yves Lacoste[1] mostra, de forma crítica, a necessidade de se preparar as pessoas para lerem mapas, além de conhecer o seu próprio espaço. Diz ele que a geografia e a cartografia em particular são matérias que envolvem um conhecimento estratégico, o qual permite às pessoas que desconhecem seu espaço e sua representação, passarem a organizar e dominar esse espaço.

O mapa aqui é tratado de forma genérica, mas uma planta baixa de quarteirão e de casas nos trazem também informações que precisariam ser analisadas pelas pessoas interessadas na locação de imóveis. Normalmente, as pessoas não consultam as plantas, e ao consultá-las não conseguem colher todas as informações que as plantas fornecem.

Por exemplo, para a aquisição de imóveis, poucos conseguem realmente visualizar a sua localização/orientação e compreender a divisão espacial do imóvel em questão para efetuar uma escolha consciente.

Em caso de reforma ou de deslocamento de mobiliário, poucas pessoas se utilizam de uma planta obedecendo uma escala e fazendo as modificações na planta para depois efetuá-las na prática. Ao contrário, encontramos pessoas em tentativa de ensaio e erro, por desconhecerem a forma prática de utilização de plantas e desenhos em escala.

A LEITURA DE MAPAS

Ler mapas é um processo que começa com a decodificação, envolvendo algumas etapas metodológicas as quais devem ser respeitadas para que a leitura seja eficaz.

Inicia-se uma leitura pela observação do título. Temos que saber qual o espaço representado, seus limites, suas informações. Depois, é preciso observar a legenda ou a decodificação propriamente dita, relacionando os significantes e o significado dos signos relacionados na legenda. É preciso também se fazer uma leitura dos significantes/significados espalhados no mapa e procurar refletir sobre aquela distribuição/organização. Observar também a escala gráfica ou numérica acusada no mapa para posterior cálculo das distâncias afim de se estabelecer comparações ou interpretações.

Figura 1

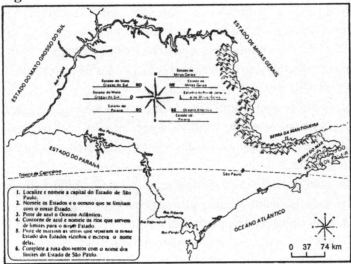

Fonte: E. P. Nahum. *Mapas – Estado de São Paulo.* São Paulo, Scipione, 1989.

Escala 1:61:025.000

Fonte: *Idem.*

Escala 1:9:250:000

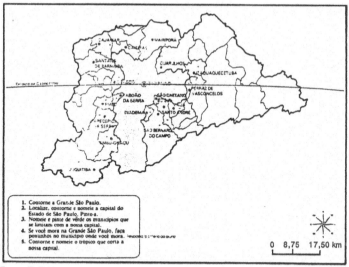

Fonte: E. P. Nahum. *Mapas – Estado de São Paulo*.
São Paulo, Scipione, 1989.

Escala 1:2:187:500

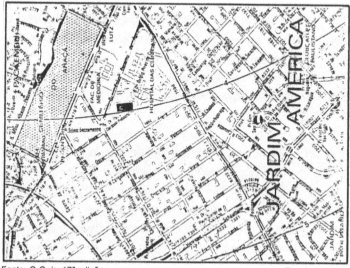

Fonte: *O Guia*, 17ª edição,
São Paulo, Mapograf, 1987.

Escala 1:22:500

19

Sabemos que o mapa é uma redução proporcional da realidade. E é a escala que estabelece quantas vezes o espaço real sofreu redução.

Uma escala de 1:100 significa que todas as medidas foram reduzidas cem vezes. Lê-se um por cem. Cada centímetro no mapa equivale a cem centímetros na realidade.

Essa escala é uma escala grande e fornece plantas baixas de detalhe. São as plantas que podem retratar detalhes de imóveis.

De 1:500 a 1:5000 significa que todas as medidas foram reduzidas 500 ou 5 mil vezes. Lê-se um por quinhentos e um por cinco mil. Cada centímetro no mapa equivale a 500 centímetros ou 5000 cm na realidade. Utiliza-se esta escala para as plantas de cidades e planos cadastrais. Nos planos cadastrais a representação é de detalhe das linhas essenciais sem deformação, evidenciando a localização exata, dimensões lineares e areolares dos prédios. Deve ser um desenho geometricamente exato, conservando-se os ângulos e a relatividade das distâncias.

Ao ultrapassar a escala de 1:20.000 até 1:250.000 encontramos as cartas topográficas.

As representações dessas escalas, ainda consideradas grandes, possuem como limites, habitualmente, as coordenadas geográficas, e raramente os limites políticos.

As cartas de escalas menores que 1:500.000 podem ser chamadas corográficas, fornecendo uma visão geral de uma região (core = região).

São denominados mapas, as representações de escala menor (1:1.000.000) portanto com menor número de detalhes e os limites da área representada são os limites políticos.

As cartas gerais de escalas menores (1:205.000.000) podem atingir o mundo. São os planisférios. E a forma do globo é bidimensionada, com clareza do traçado dos meridianos e paralelos[2].

Conforme diminui a escala ou conforme a área atingida pela representação torna-se maior há perda de informação e há necessidade de se interpretar as generalizações. É preciso ter-se em conta que no processo de mapeamento houve uma classificação das informações e um minucioso trabalho de classificação para selecionar as informações mais significativas para o objetivo daquela representação. Na figura 1 observamos que ocupando o mesmo espaço no papel, a escala se refere a espaços maiores.

Para tanto, deve-se ter bem claro o objetivo do mapeamento. Naturalmente há uma grande diferença entre mapas para fins turísticos e mapas para fins de pesquisas de dados precisos da geografia física e econômica.

Em todos os mapas há necessidade desta clareza de objetivos. Ao selecionar as informações deve-se buscar as generalizações mas sem perder informações importantes.

Ao ler o mapa, o usuário deve ter em mente essas generalizações e ao reverter o processo representação X espaço físico real, não deixar de considerá-las.

Desta forma, tentamos deixar claro que o mínimo de informações sobre as técnicas de mapeamento são necessárias para o leitor obter maior sucesso na leitura do mapa.

MAPEADOR X LEITOR DE MAPAS

Iniciando o aluno em sua tarefa de mapear, estamos, portanto, mostrando os caminhos para que se torne um leitor consciente da linguagem cartográfica.

Paganelli[3] mostra como os passos metodológicos de mapear levam à formação de um bom leitor. Baseada na teoria de Piaget de que a criança na idade do pensamento concreto necessita *agir* para conseguir construir conceitos e edificar os conhecimentos, ela sugere que se leve o aluno a elaborar mapas para torná-lo um leitor eficaz.

Essa ideia tem sido mal interpretada pois existe no mercado editorial uma proliferação de cadernos de mapas mudos destinados a que o aluno coloque nome de países e rios, ou pinte países/estados ou municípios. Estas tarefas são mecanicistas e não levam à formação de conceitos quanto à linguagem cartográfica. A *ação* para que o aluno possa entender a linguagem cartográfica não está em pintar ou copiar contornos, mas em "fazer o mapa" para que, acompanhando metodologicamente cada passo do processo – reduzir proporcionalmente, estabelecer um sistema de signos ordenados, obedecer um sistema de projeções para que haja coordenação de pontos de vista (descentralização espacial) –, familiarize-se com a linguagem cartográfica.

Acreditamos que mesmo depois disso o aluno sentirá dificuldades em organizar um sistema de signos de forma ordenada, mas é vivendo estas dificuldades que ele irá construir noções profundas de organização de um sistema semiótico. Ao ter que generalizar, estabelecer uma classificação e selecionar as informações que devam ser mapeadas, o aluno será forçado a tomar consciência das informações – as pertinentes e as não pertinentes –, o que melhorará seu raciocínio lógico.

Ao reduzir o espaço estudado à sua representação, o aluno percebe logo a necessidade da proporcionalidade, para que não ocorram deformações. É a esta ação-reflexão que se refere Piaget ao mostrar a construção do pensamento na criança pela ação.

Em suma, através desta ação de mapear e não através de cópias ou pinturas de mapas, dá-se um verdadeiro passo metodológico para o aprendizado de mapas.

Como foi visto, para Piaget[4] todo conhecimento deve ser construído pela criança através de suas ações. Essas ações, em interação com o meio e o conhecimento anterior já organizado na mente, proporcionam a acomodação dos conhecimentos percebidos que passam a ser assimilados.

Portanto, para que o aluno consiga dar o significado aos significantes deve viver o papel de codificador, antes de ser decodificador.

Três aspectos devem ser considerados neste momento: a função simbólica; o conhecimento da utilização do símbolo e o espaço a ser representado.

Piaget[5] diz que a função simbólica surge por volta dos dois anos de idade com o aparecimento da linguagem. No caso particular deste livro, porém, o interesse é o da compreensão do símbolo como *representação gráfica,* isto é, dos símbolos criados pela criança que representam uma ideia ou objeto. Este fenômeno liga-se ao desenvolvimento do desenho infantil como expressão gráfica da criança.

Respeitando a teoria construtiva de Piaget a oportunidade de a criança *codificar* levará, quando da capacidade de reversibilidade, a *decodificar.*

Assim, consideremos o espaço de ação cotidiana da criança, o espaço a ser representado. A partir dele também serão construídas as noções espaciais. A criança perceberá o seu espaço de ação antes de representá-lo, e, ao representá-lo usará símbolos, ou seja, codificará. Antes, portanto de ser leitora de mapas, ela deverá agir como mapeadora do seu espaço conhecido.

Ao reverter esse processo, estará lendo o mapa: primeiro do seu espaço próximo para conseguir aos poucos abstrair espaços mais distantes, através da generalização e transferência de conhecimento. Isto através das deduções lógico-matemáticas, já na idade do pensamento formal.

Podemos organizar três momentos nesse processo:

• *Tarefas operatórias* para a construção de pré-aprendizagens, que facilitarão a leitura de mapas. São elas as atividades de orientação, observação de pontos de referência, localização com a utilização de retas coordenadas como pontos de referência, coordenação de pontos de vista, proporcionalidade, conservação de forma, tamanho e comprimento. Piaget[6] mostra que é fácil a utilização de retas coordenadas como pontos de referência no cotidiano, uma vez que a própria natureza e os elementos urbanos do cotidiano nos fornecem essas coordenadas: árvores, ruas planas, postes, paredes, portas, chão. Portanto parece que esses pontos de referência devem ser usados para a localização de elementos simples como a casa da criança, através da observação em relações topológicas, projetivas ou euclidianas.

• *Atividades de codificação do cotidiano* para o exercício da função simbólica no mapeamento, facilitando, desta forma, a compreensão da relação significante X significado, pela criação de significantes para o que a criança quiser representar e organizados em uma legenda.

• *Leitura propriamente dita*. Decodificar, ligando o significante e o significado para melhor compreensão da legenda e toda a simbologia dos mapas.

Este procedimento parece estar de acordo com o pensamento de Jean Piaget, pois segundo ele "o ensino da representação não consiste em apresentar uma lista de palavras a aprender, mas antes no desenvolvimento da capacidade de representar o conhecimento já construído a nível prático?"[7].

Desta forma, constroem-se os pré-requisitos para a leitura de mapas e que são a compreensão de: proporcionalidade; projeção; relação codificação X decodificação ou a relação significante X significado dos signos cartográficos e de toda a linguagem cartográfica; retas coordenadas como pontos de referências; orientação e localização; pontos de referência para a localização; limites e fronteiras.

Mclaughlin[8] sugere que a criança na fase operacional concreta seja capaz de lidar somente com variáveis de um tipo de cada vez. Assim, os mapas para essas crianças e aquelas que ainda estão desenvolvendo as operações formais deveriam ter um número limitado de variáveis: limitação (a não mais que quatro) de nomes de cidades, ruas, produções e os seus respectivos signos. Simielli[9] mostrou também a necessidade de se separar as informações dos mapas para facilitar a compreensão. Segundo ela, os alunos entendem melhor as informações quando o mapa de hidrografia é estudado separadamente do relevo, mesmo que posteriormente haja correlação das informações, numa leitura *mais* complexa, envolvendo interpretação a nível mais abrangente.

Para se chegar a um nível de interpretação mais profundo é necessário que o aluno tenha passado por experiências para a construção das noções espaciais, partindo das relações elementares no espaço cotidiano. Esse assunto será desenvolvido no próximo capítulo.

Notas

[1] Yves Lacoste, A Geografia, isso serve em primeiro lugar para fazer a Guerra, Campinas, Papirus, 1988.
[2] Essa classificação está baseada em: André Libault, Geocartografia, São Paulo, Nacional-Edusp, 1975, e Miguel Sanches, "A Cartografia como técnica auxiliar da Geografia" em Boletim de Geografia Teorética, AGETEO, Rio Claro, 3 (6) : 33-54, 1973.
[3] Tomoko Paganelli, "A Noção de Espaço e de Tempo" em Revista Orientação n° 6 – IG – USP, São Paulo, nov/1985.
[4] Jean Piaget, apud Constance Kamii e R. Devries, A teoria de Piaget e a educação pré-escolar, Lisboa, Socilcultur, s/d.
[5] Jean Piaget, Formação do símbolo na criança, Rio de Janeiro, Zahar Editores, 1974.
[6] Jean Piaget, La Représentation de l'Espace chez l'Enfant, Paris, PUF, 1981.
[7] Constance Kamii e R. Devries, A teoria de Piaget e a educação pré-escolar, Lisboa, Socilcultur, s/d.
[8] Mclaughlin apud B. J. Wadsworth, Piaget para professores da pré-escola e 1° Grau. São Paulo, Pioneira, 1984.
[9] M. H. Ramos Simielli, O mapa como meio de Comunicação Cartográfica: implicações no ensino da Geografia do 1° Grau, São Paulo, USP/Geografia, 1986. (mimeo).

A CRIANÇA E AS RELAÇÕES ESPACIAIS

EVOLUÇÃO DA NOÇÃO DE ESPAÇO

A psicogênese da noção de espaço passa por níveis próprios da evolução geral da criança na construção do conhecimento: do *vivido* ao *percebido* e deste ao *concebido*.

O espaço vivido refere-se ao espaço físico, vivenciado através do *movimento* e do *deslocamento*. É apreendido pela criança através de brincadeiras ou de outras formas ao percorrê-lo, delimitá-lo, ou organizá-lo segundo seus interesses. Daí a importância de exercícios rítmicos e psicomotores para que ela explore com o próprio corpo as dimensões e relações espaciais.

O espaço *percebido* não precisa mais ser experimentado fisicamente. Assim, a criança da escola primária é capaz de lembrar-se do percurso de sua casa à escola, o que não se dava antes, pois era necessário percorrê-lo para identificar os edifícios, logradouros e ruas.

Ao observar uma foto, nessa fase, a criança já é capaz de distinguir as distâncias e a localização dos objetos. Antes só era capaz de perceber o "aqui"; depois atinge também o "acolá". Deu-se, nessa passagem, tanto a ampliação do campo empírico da criança quanto a análise do espaço que passa a ser feita através da observação.

Pode-se dizer que neste momento inicia-se para ela o estudo da geografia. Por isso, nas séries iniciais do 1º grau o professor deve se preocupar em propor atividades que desenvolvam conceitos e noções mais do que um conteúdo sistemático.

Por volta de 11-12 anos o aluno começa a compreender o espaço *concebido*, sendo-lhe possível estabelecer relações espaciais entre elementos apenas através de sua representação, isto é, é capaz de raciocinar sobre uma área retratada em um mapa, sem tê-la visto antes.

Seguindo esse processo evolutivo da construção da noção de espaço, o professor deve exercer um trabalho no sentido da estruturação do espaço, pois a criança tem uma visão sincrética do mundo. Para ela os objetos e o espaço que eles ocupam são indissociáveis. A posição de cada objeto é dada em função do todo no qual ele se insere. E a criança percebe esse *todo* e não cada parte distintamente. Por esse motivo para crianças pequenas (até aproximadamente 6 anos), a localização e o deslocamento de elementos são definidos a partir de referenciais dela, quer dizer, de sua própria posição.

Essa sua percepção do espaço dificulta a distinção de categorias de localização espacial (como *perto de, abaixo, no limite de,* etc.), tanto para situar-se como para situar os elementos de forma objetiva. Cabe ao professor ajudar o aluno a estabelecer e aclarar essas categorias para chegar a estruturas de organização espacial (por exemplo, veja-se o trabalho com a maquete da sala de aula do capítulo 4).

Além disso, o professor deve levar o aluno a estender os conceitos adquiridos sobre o espaço, localizando-se e localizando elementos em espaços cada vez mais distantes e, portanto, desconhecidos. A apreensão desses espaços é possível, como foi visto, através de sua representação gráfica, a qual envolve uma linguagem própria – a da cartografia –, que a criança deve começar a conhecer. Cabe, pois, ao professor introduzir essa linguagem e através do trabalho pedagógico, levar o aluno à penetração cada vez mais profunda na estruturação e extensão do espaço a nível de sua concepção e representação.

Segundo Hannoum[1] essa questão envolve a tomada de consciência, por parte do aluno, do seguinte: do espaço ocupado por seu corpo; da localização dos objetos no espaço; das posições relativas dos objetos no espaço, o que envolve deslocamento e orientação; e das distâncias, medidas e da esquematização do espaço.

A Tomada de Consciência do Espaço Corporal

A exploração do espaço ocorre a partir do nascimento, através das experiências que a criança realiza em seu entorno. Ao ser tocada, acariciada, segurada no colo, ao sugar o seio para mamar, a criança inicia o processo de aprendizagem do espaço. Em sua memória corporal são registrados os referenciais dos lados e das partes do corpo, os quais servirão de base para os referenciais espaciais.

Nesse processo de conscientização do espaço ocupado pelo próprio corpo há dois aspectos essenciais: o esquema corporal e a lateralidade.

O *esquema corporal* é a base cognitiva sobre a qual se delineia a exploração do espaço que depende tanto de funções motoras, quanto da percepção do espaço imediato.

Ilustramos a importante ligação do esquema corporal com a construção da noção de espaço através da citação de Le Boulch[2] que considera o esquema corporal como "uma intuição global ou conhecimento imediato de nosso corpo, seja em estado de repouso ou em movimento, em função da inter-relação de suas partes e, sobretudo, de sua relação com o espaço e os objetos que nos rodeiam.

A consciência do próprio corpo, de seus movimentos e postura desenvolve-se lentamente na criança. Ela se constrói paulatinamente a partir do nascimento até atingir a adolescência, quando ocorre a elaboração completa do esquema corporal. Este desenvolve-se em função do amadurecimento do sistema nervoso, da relação eu-mundo e da representação que a criança faz de si mesma e do mundo em relação a ela.

À medida que a criança se desenvolve e especializa sua ação sobre o meio, obtém maior domínio sobre o espaço próximo, e alcança espaços cada vez maiores. Quando consegue sentar, o bebê amplia seu campo de visão e, consequentemente, sua percepção da posição dos objetos e de seu deslocamento. Além disso, por ter conquistado maior liberdade motora, pode virar-se numa amplitude de 180°, não só para observar o ambiente, mas também para pegar os objetos que estiverem próximos.

Num processo contínuo, em alguns meses o bebê conquista cada vez maior domínio sobre o espaço ao conseguir rolar, arrastar-se, engatinhar e, finalmente, andar. A passagem por essas fases é importante na evolução motora, tanto para o desenvolvimento físico, como para a estruturação, a nível psicológico, da noção de espaço. Por isso, não é conveniente colocar a criança em quadrados (chiqueirinhos) ou andadores. Deve-se proporcionar-lhe um ambiente seguro e estimulador, sem objetos que ofereçam perigo à sua livre exploração, com possibilidades deles agir e descobrir novos elementos em seu ambiente.

À medida que a criança for crescendo, reconstruirá o espaço próprio dos adultos, pois estará constantemente voltada para o espaço exterior – com móveis, casas, ruas, praças, campos e montanhas. Esse espaço não corresponde às suas pequenas dimensões físicas e à sua pouca vivência do mundo. A reconstrução desse mundo será feita, inicialmente, a partir de suas próprias dimensões e capacidade de percebê-lo, adaptando-se a ele através de uma *imaginação transformadora* das coisas.

Todos sabemos como as crianças gostam de entrar embaixo de mesas, móveis, dentro de armários ou caixas, e de brincar em cabanas, casas de bonecas, etc. Gostam também de brinquedos que são verdadeiras miniaturas de móveis, utensílios domésticos, carros, aviões e pessoas. Embora tais atitudes não se refiram exclusivamente a questões de espaço, tudo nos leva a crer que a criança limita o espaço de suas brincadeiras para poder mantê-lo em dimensões que lhe sejam apreensíveis.

As crianças em idade escolar preferem brincadeiras que limitam a parte do pátio da escola porque não conseguem ocupar um espaço tão grande. Na verdade, não conseguem concebê-lo para poderem organizá-lo. O mesmo se dá na organização do espaço gráfico quando a criança, ao receber uma folha de papel em branco, limita-se a usar apenas uma de suas partes.

O espaço é para a criança um mundo quase impenetrável. Sua conquista ocorre aos poucos, à medida que for atingindo alterações quantitativas de sua percepção espacial e uma consequente transformação qualitativa em sua concepção do espaço.

Outro aspecto importante na organização espacial refere-se ao predomínio de um lado do corpo. Existe um melhor adestramento de uma mão, um olho, uma perna e pé, e isto implica viver (mesmo sem se ter consciência) uma divisão do espaço em duas partes assimétricas, a qual será a raiz da futura análise do espaço percebido. É preciso, portanto, que a *lateralização* se realize de forma clara e completa. O professor deve ajudar a criança a lateralizar-se, isto é, tomar consciência de seu predomínio lateral para a direita ou para a esquerda.

A análise do espaço, deve ser iniciada com a criança primeiramente com o corpo, em seguida apenas com os olhos e finalmente com a mente.

A partir dos 5 até 7 anos a criança toma gradativamente consciência do seu corpo com suas distintas partes, identificando-as. E, durante esse período surge lentamente a possibilidade de transferir (projetar) para os objetos e outras pessoas o que já havia comprovado em si mesma.

RELAÇÕES ESPACIAIS TOPOLÓGICAS ELEMENTARES

As primeiras relações espaciais que a criança estabelece são as chamadas *relações espaciais topológicas elementares*. Como o próprio nome indica, são as relações espaciais que se estabelecem no espaço próximo, usando referenciais elementares como: dentro, fora, ao lado, na frente, atrás, perto, longe, etc. Não são consideradas distâncias, medidas e ângulos.

Essas relações topológicas começam a ser estabelecidas pela criança desde o nascimento e são a base para a gênese posterior das relações espaciais mais complexas. São importantes quando consideramos a percepção espacial no início da atividade escolar (aproximadamente 6-7 anos).

No plano perceptivo, as relações espaciais se processam na seguinte ordem: de vizinhança; separação; ordem; envolvimento; continuidade.

A relação de *vizinhança* corresponde àquela em que os objetos são percebidos no mesmo plano, próximos, contíguos. Corresponde ao nível mais elementar de percepção da organização espacial na qual a criança situa os objetos da seguinte maneira: a boneca ao lado da bola, a poltrona ao lado da mesa, o quarto ao lado do banheiro, sua casa ao lado da casa vizinha, etc. Usamos um exemplo que parte de um plano muito próximo para outros que envolvem espaços maiores.

Ao considerar a vizinhança, a criança percebe que os objetos vizinhos são separados, isto é, não estão unidos. A percepção da *separação* aumenta com a idade e o desenvolvimento da capacidade de análise. A criança começa a se dar conta de que os objetos próximos em um mesmo plano estão separados. Por exemplo, a porta e a janela da sala podem estar juntas na mesma parede, porém são separadas; há uma parte de parede *entre* a porta e a janela.

A ideia anterior implica a relação de *ordem* ou de sucessão, isto é, os objetos ocupam uma posição anterior, intermediária ou posterior a partir de um determinado ponto de vista. Considerando o exemplo anterior, primeiro temos a porta, no meio a parede e depois a janela.

A percepção de cada elemento e sua relação com os demais leva à relação de *envolvimento,* que pode ser percebida em uma, duas ou três dimensões. Como exemplo, em uma dimensão temos uma sequência de paradas de metrô: a estação Ana Rosa fica entre as estações Paraíso e Vila Mariana. Por serem um segmento da rede metroviária elas possuem relação de envolvimento, pois formam trechos que se encaixam:

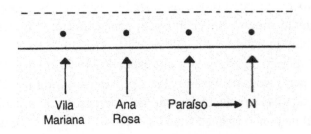

Em duas dimensões temos o exemplo dado mais acima, em que a porta e a janela estão na mesma parede, que funciona como um plano. E, em três dimensões, podemos citar os objetos e o mobiliário que está dentro da sala.

A tradução no espaço representado das noções colocadas acima implica o registro de pontos no espaço, ou seja, em *continuidade,* pois o espaço é contínuo, não havendo possibilidade de ausência de espaço. As localizações são, portanto, contínuas, e o espaço forma um todo.

Embora as relações espaciais topológicas elementares não envolvam referenciais precisos de localização, elas são a base para o trabalho sobre o espaço geográfico (e cartográfico). A partir delas é que se desenvolvem as noções de limites político-administrativos entre municípios, estados e países e suas fronteiras; área urbana e rural, para citar apenas alguns exemplos.

É claro que para a compreensão desses exemplos é preciso que a criança domine os conceitos geográficos que os definem. No entanto, a localização geográfica constrói-se à medida que o sujeito se torna capaz de estabelecer relações de vizinhança (o que está ao lado), separação (fronteira), ordem (o que vem antes e depois), envolvimento (o espaço que está em torno) e continuidade (a que recorte do espaço a área considerada corresponde), entre os elementos a serem localizados. Por isso é difícil, mesmo para alunos de séries mais adiantadas do 1º grau, realizar um estudo geográfico de áreas isoladas, descontextualizadas.

Para se evitar que o estudo geográfico de uma região se torne uma descrição cansativa, é preciso que o aluno estabeleça as relações entre essa região e aquelas que ele já conhece. Em um primeiro momento essa relação pode se dar através de sua localização-posição que ocupa tanto em relação às regiões conhecidas quanto em relação a toda a área do país ou do continente. Embora saibamos que a localização geográfica não tem uma relação causal direta sobre a maior parte dos fatores que explicam a organização do espaço regional, a identificação da posição do espaço estudado no mapa parece-nos essencial a qualquer estudo geográfico.

DESCENTRALIZAÇÃO, CONSERVAÇÃO E REVERSIBILIDADE

Segundo Piaget, o pensamento intuitivo, característico da criança a partir dos 4 até aproximadamente os 7 anos, assenta-se sobre a aparência dos fenômenos, isto é, sobre aquilo que a criança percebe, ou que parece que está acontecendo. Isso ocorre em toda situação de aprendizagem que a criança realiza em seu meio. Na construção da noção de espaço é através desse processo que ela começa a se dar conta de que o juízo que faz da localização dos objetos através de seus referenciais espaciais muitas vezes não confere com o que acontece. E começa a notar que esses referenciais não são tão precisos ou suficientes para localização ou orientação.

A criança que partia do uso do seu próprio corpo como referencial para a localização dos objetos, começa a perceber que podem ser usados outros referenciais sem que isso altere a localização. Por exemplo, percebe que uma mesa pode estar perto de sua posição e ao mesmo tempo longe da posição de outra criança.

Passa, então, a situar os objetos a partir das relações espaciais entre eles, realizando a coordenação de diferentes pontos de vista ou usando um sistema de coordenadas. Esse processo é chamado de *descentralização* e consiste na passagem do egocentrismo infantil para um enfoque mais objetivo da realidade, através da construção de estruturas de conservação que permitem à criança ter um pensamento mais reversível. Isso ocorre porque ela começa a considerar outros elementos para a localização espacial e não apenas sua percepção ou intuição sobre os fenômenos.

Hannoun[3] usa categoria de espaço a partir de um centro, para analisar a descentralização na organização espacial. Essas categorias são: lateralidade, profundidade e anterioridade e estão ilustradas no gráfico que reproduzimos na página seguinte.

A descentralização, segundo ele, deve evoluir de acordo com o esquema abaixo, passando
– da análise do espaço ocupado pela criança para análise do espaço ocupado pelo objeto exterior;
– da análise da posição dos objetos com relação a ela, à análise da ́psição dos objetos com relação a outros objetos;

Gráfico 1

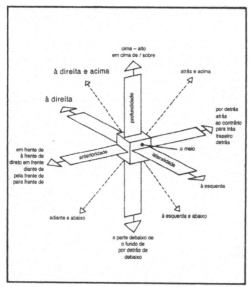

Fonte: H. Hannoun, H. El Niño Conquista el Medio: Las Atividades Exploratórias en la Escuela Primaria, Buenos Aires, Kapelusz, 1977, p. 53.

– da análise da posição dos objetos com relação a ela, para a análise do movimento dos objetos com relação a um ponto de referência objetivo.

Essas passagens são feitas através da extensão do conceito para espaços cada vez maiores. Esse processo é gradativo. Ocorre à medida que a criança passa a projetar as categorias de organização espacial para elementos externos a ela. Por exemplo: indica a localização da loja em frente ao ponto de ônibus. E, em ocasião posterior, já é capaz de indicar essa localização em função de coordenadas: a loja da Rua Pio XI nº 135.

Conservação e *reversibilidade* são processos essenciais na caracterização do raciocínio operacional concreto que surge a partir de 7-8 anos. Um episódio ocorrido conosco pode ilustrar isso.

Em certa ocasião, fomos visitar amigos que moravam num sítio em São Roque e o filho pequeno (5 anos) chamado Jairzinho, acompanhou-nos num passeio pela horta. Na ribanceira do rio haviam plantado cebolinhas, e como ele ajudou na plantação, quis nos ensinar como se planta cebolinha. A conversa foi, mais ou menos, esta:
— O chão é para baixo, né. Então você planta com o cabelinho para cima.
— E se o chão for para cima? perguntamos.
— Então não dá pra plantar.

A resposta de Jairzinho mostra o pensamento típico de um menino de sua idade quanto à percepção espacial. A relação entre os objetos: solo e cebolinha, só é percebida em um sentido, e de forma estática. O caminho de ida e volta, a reversão das posições ainda não é percebida. Para Jairzinho, naquele momento, o chão que vai para baixo não é o mesmo que vai para cima; ele não domina a conservação do referencial para reverter a ação, quer dizer, para coordenar a ação e realizar uma operação inversa.

Essa alteração qualitativa do ponto de vista da evolução cognitiva do ser humano se dá de forma global e envolve o processo de conhecimento em todos os seus aspectos (da língua, da matemática e do meio social da natureza, etc.), embora apresente nuances próprias em cada um deles.

As noções de espaço e de tempo estão embutidas nesse processo e são a base para a organização do pensamento geográfico e histórico. No entanto, a devida compreensão desse processo demanda um estudo aprofundado da psicologia da aprendizagem e do desenvolvimento infantil, que não cabe neste livro. Mas o professor deve conhecer alguns pontos importantes para conduzir adequadamente o trabalho sobre a noção de espaço.

Conforme já foi visto, as relações espaciais organizam-se a partir do esquema corporal com base em um eixo bipolar tridimensional, semelhante ao apresentado por Hannoun para as categorias de orientação espacial. Esse esquema pode ser assim ilustrado:

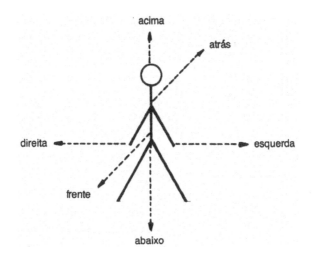

No processo de descentralização, a criança projeta esse eixo sobre os objetos para localizá-los independentemente de sua posição, assumindo a postura de observadora. Essa passagem é feita gradativamente, à medida que percebe que os objetos possuem partes e lados, os quais servem como referenciais. Por exemplo, usa os lados da cadeira para indicar a posição de outro objeto: o armário em frente da cadeira. Esse tipo de raciocínio estende-se para espaços mais amplos: a padaria ao lado do açougue, o supermercado em frente ao posto de gasolina, o clube atrás da fábrica Ao conceber a posição dos elementos em espaços mais amplos, a criança utiliza estruturas de relações espaciais que vão além das topológicas elementares.

RELAÇÕES ESPACIAIS
PROJETIVAS E EUCLIDIANAS

Uma criança pequena, que costuma subir uma rua e passa primeiro pelo açougue, depois pela farmácia e em seguida pela quitanda, ao vir no sentido contrário, descendo a rua, perceberá que os pontos comerciais não estarão na mesma ordem, ou que o açougue ficou mais longe e a quitanda mais perto. Na verdade eles continuam no mesmo lugar, o que mudou foi sua perspectiva, ou a direção de quem observa.

O aparecimento da perspectiva traz uma alteração qualitativa na concepção espacial da criança, que passa a conservar a posição dos objetos e a alterar o ponto de vista até atingir as *Relações Espaciais Projetivas*.

Isso ocorre juntamente com o surgimento da noção de coordenadas que situam os objetos uns em relação aos outros e englobam o lugar do objeto e seu deslocamento em uma mesma estrutura. Isto corresponde às *Relações Espaciais Euclidianas*.

A organização espacial do adulto envolve perspectiva e coordenadas, de modo que é capaz de localizar-se e orientar-se usando referenciais abstratos (ver figura 2), baseados em relações espaciais projetivas e euclidianas.

Figura 2

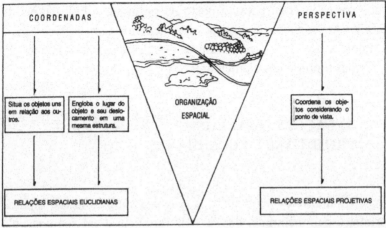

Os alunos das séries iniciais do 1º grau (faixa etária de 7-11 anos) estão em fase de construção dessas noções. Por isso elas são percebidas de forma concreta, no espaço vivido. Mas têm dificuldades para suas representações gráficas, que exigem abstração para entender a simbologia usada, bem como sua correspondência com o espaço real.

O uso de um sistema de coordenadas corresponde ao ponto principal de abstração na construção do espaço a nível psicológico. As relações espaciais euclidianas através de coordenadas permitem situar os objetos e dar orientação de seu deslocamento em função de uma estrutura cujos referenciais são independentes desses objetos.

Nessa categoria encontram-se as coordenadas geográficas (paralelos e meridianos) através das quais pode-se localizar qualquer ponto da superfície da terra.

A construção das relações espaciais euclidianas implica a conservação de distância, comprimento e superfície e a construção da medida de comprimento.

As crianças das séries iniciais do 1º grau não possuem ainda estruturas psicológicas para compreender o sistema de localização geográfica com coordenadas. Somente entre 9 e 10 anos serão capazes de coordenar medidas e utilizar os referenciais de altura e comprimento – horizontal e vertical – os quais são essenciais à construção do sistema de coordenadas.

PERSPECTIVA, COORDENADAS E CATEGORIAS ESPACIAIS

A noção de. perspectiva permanece durante muito tempo inconcebível para a criança, mesmo depois dos 8-9 anos, pois ela não consegue separar o mundo exterior de sua representação. Por exemplo, desenha uma linha de trem sempre paralela, pois sabe

Figura 3

Trem desenhado por Giselle, 6 anos. Notar que os trilhos e rodas são representados sem perspectiva, a qual surgirá após 8-9 anos.

Figura 4

Neste trem, feito por André aos 5 anos e 1 mês, posterior ao da Figura 5, os trilhos foram traçados paralelamente.

Figura 5

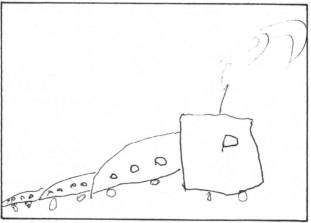

Desenho de um trem por André, 4 anos e 2 meses. Notar que representou o trem com perspectiva, porém não colocou os trilhos.

Figura 6

Desenho do trajeto casa-escola feito por Ellen Key, 5 anos e 9 meses.
Nele vemos a ausência de perspectiva ao retratar a rua, vista de cima e os demais elementos vistos de frente.

que os trilhos nunca se encontram, apesar de reconhecer a perspectiva em uma figura que mostre os trilhos aproximando-se ao longe. Seu desenho pouca diferença tem do de uma criança de 5 anos. (Ver figuras 3,4, 5 e 6).

Outro problema que deve ser considerado é a lateralidade quanto à distinção entre direita e esquerda. As crianças de 5 a 8 anos distinguem apenas o que se acha à sua direita e à sua esquerda, sendo impossível, para a maioria, projetar essas posições para alguém à sua frente, pois exige descentralização e reversibilidade.

Para a criança de 8 a 11 anos isso já é possível, podendo definir a direita e a esquerda de alguém de frente para ela. No entanto, é somente a partir dos 11 ou 12 anos que a criança será capaz de situar os objetos independentemente de sua própria posição. Por exemplo: a janela está à direita da lousa.

Essa questão da lateralidade deve ser considerada devidamente pelo professor ao trabalhar noções de orientação para levar à descentralização necessária ao entendimento de referenciais geográficos e não reforçar o egocentrismo ligado ao esquema corporal.

Os referenciais geográficos de orientação são definidos a partir dos movimentos da Terra. Seu entendimento exige grande capacidade de abstração para coordenar o movimento de rotação da Terra com o movimento aparente do sol e a resultante sucessão de dias e noites. O leste (nascente), não pode ser ensinado apenas como "o lugar onde o Sol nasce" e o oeste (poente) como o "lugar onde o Sol se esconde". Na verdade, são os pontos da entrada da Terra na luz e/ou na sombra do lugar onde o sujeito se encontra, sendo observáveis pela presença do Sol ou pela sua ausência. No entanto, o leste e o oeste não são pontos. São antes o sentido de que se pode tomar indo na direção do surgimento da luz ou da sombra considerando o sentido do movimento de rotação da Terra que se faz de oeste para leste. No capítulo 4, desenvolvemos algumas atividades que podem ser realizadas com crianças no trabalho sobre os pontos de orientação.

Na análise do objeto quanto à sua espacialidade Hannoun[4] considera três categorias: a interioridade, a exterioridade e a delimitação.

Essas categorias especificam relações espaciais referentes à continuidade, individualizando de forma mais profunda os elementos no espaço.

A *interioridade* refere-se às noções de "dentro", "para dentro", "no interior", etc.

A *exterioridade* refere-se às noções de "fora de", "para fora", "no exterior", etc.

A *delimitação*, decorrente das duas anteriores, refere-se à "extremidade", "limite", "periferia", "perimetral", "ao longo de", "ao redor de", etc.

Na análise geográfica a concepção dessas categorias é subjacente e recorrente. Por exemplo, no estudo de uma área de ocupação urbana, inicialmente os alunos deverão distinguir o que é uma área urbana (casas, ruas, estabelecimentos industriais, comerciais, depósitos, etc.), o que está dentro dessa área, e deverão distingui-la do que não é área urbana, o que está *fora* dela (sítios, áreas de reflorestamento, estradas, etc.).

A confrontação dessas áreas delimita-as. Mesmo que a periferia urbana não corresponda a uma linha de fronteira, a partir da qual se separe o que é, do que não é urbano, ela se apresenta com características próprias de uma área de transição, podendo ser formada por casas populares, ou chácaras residenciais, ou áreas de depósito de lixo, etc.

A noção de exterioridade leva-nos a situar um objeto com relação a outros com os quais mantenha certas relações espaciais. Nesse sentido, Hannoun[5] distingue quatro categorias que podem ser aplicadas ao espaço geográfico:

A *interioridade:* quando uma área está dentro de outra, ou quando há *inclusão*.

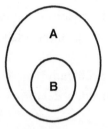

A *exterioridade:* quando uma área é exterior à outra

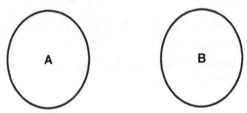

A *intersecção:* quando há uma parte comum a ambas as áreas.

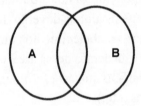

A *continuidade:* quando as áreas são limítrofes, tangenciais.

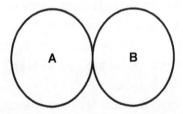

Na análise geográfica essas categorias são subjacentes a estudos de caráter regional, de processos de regionalização de áreas de influência, de ocupação e organização espacial. Antes de chegar a esse nível de estudo sobre o espaço, porém, é preciso criar na criança os hábitos de discernir, analisar e reconhecer as partes de um todo. E isso deve iniciar-se no ensino de 1º grau.

As categorias colocadas acima levam às *categorias de distância: proximidade* e *distanciamento*. A concepção de distâncias e intervalos é realizada passando do qualitativo (perto, longe) para o quantitativo, que pressupõe a medida expressa numericamente.

No sentido da descentralização quanto à categoria de distância o professor deve levar o aluno a estabelecer relações com um ponto de referência, E quanto à medida, deve estabelecer relações com uma unidade métrica.

Inicialmente, o aluno pode ser levado a estabelecer medidas com padrões de seu próprio corpo: palmos, pés, passos, etc., para chegar a unidades mais objetivas. Lembramos que muitas unidades de medidas padronizadas tiveram sua origem nesse princípio pés, braças e polegadas.

As atividades sobre a sala de aula como unidade inicial do trabalho sobre o espaço (ver capítulo 4), apresentam sugestões que vão do uso de um instrumento contínuo (o barbante) para medir a sala, até o estabelecimento de uma unidade padrão – o metro. Esse trabalho é básico para a compreensão da noção de escala que permitirá o estabelecimento de relações de distância entre localidades através do mapa, utilizando-se reduções proporcionais.

Notas

[1] H. Hannoun, El Niño Conquista el Medio – Las Atividades Exploratórias en la Escuela Primaria, Buenos Aires, Kapelusz, 1977.
[2] J. Le Boulch, Educación por el Movimiento en la Escuela Primaria, Buenos Aires, Paidôs, s/d, p. 37.
[3] Op. cit.
[4] Op. cit.
[5] Op. cit., p. 87.

PROPOSTA DE
PROCEDIMENTOS E ATIVIDADES

Neste capítulo apresentaremos propostas de atividades que levam o aluno a agir e refletir sobre o espaço. Estas propostas servem de sugestão, e não precisam ser aplicadas na ordem em que aparecem, nem exatamente como estão relatadas, devendo o professor adaptá-las de forma criativa às condições de seus alunos.

Os espaços não devem ser vistos de forma estanque, quer a nível de município, bairro, estado ou país, pois são espaços que dependem entre si e se integram. A interligação a e integração surgem quando se realiza a leitura do espaço humanizado e organizado pelo homem. É o homem que para suprir necessidades ou melhorar a sua produção/troca estabelece relações e organiza as interligações desejadas ou necessárias.

Seria interessante notar também que essas interligações e comunicações aproximam espaços, como fruto dos avanços tecnológicos dos meios de comunicação e circulação. O próprio aluno pode perceber essa mudança via TV, jornais, vídeos, microcomputadores, etc.

Possivelmente estaremos presenciando ainda neste século uma comunicação interplanetária, e essa preocupação com a leitura de mapas precisará ser ampliada para uma leitura do espaço sideral.

A seguir descrevemos algumas atividades, indicando os materiais necessários para a sua realização e as possíveis integrações com outras disciplinas.

1ª SUGESTÃO
MAPEAR O EU

Esta é uma unidade não muito explorada pelos professores e livros didáticos. No entanto é um passo importante à pré-aprendizagem das noções espaciais. Segundo Piaget, a criança constrói o conhecimento novo, utilizando estruturas conhecidas. Entendemos, portanto, que através de um trabalho com o esquema corporal, explorando as noções de lateralidade e proporcionalidade através do mapa do próprio corpo, a criança constrói a ligação concreto X representação e se prepara para a utilização dessas noções em outras representações.

Ao mapear o próprio corpo, o aluno toma consciência de sua estatura, da posição de seus membros, dos lados de seu corpo. Ao representá-los terá necessidade de se utilizar de procedimentos de mapeador – generalizar, observar a proporcionalidade, selecionar elementos mais significativos –, para que a representação não perca a característica de sua imagem. (Ver figura 7).

Materiais
papel de embrulho do tamanho do aluno
giz de cera, caneta hidrocor, giz
papel sulfite
tesoura
barbante
globo terrestre

47

Procedimento

Em pares, os alunos se alternam para fazer o mapa do próprio corpo.

O aluno A deita-se sobre a folha de papel, enquanto o aluno B risca o seu contorno. Depois, os papéis se invertem. (Também podem riscar o contorno no chão com giz escolar.)

Na segunda etapa, cada qual com o contorno do próprio corpo nomeia as partes e escreve ou cola etiquetas.

Em um outro momento, a atividade deve ser repetida para trabalhar a lateralidade, e o contorno do corpo dos alunos é feito com giz no chão. Duas sequências de atividades podem ser desenvolvidas.

A primeira, com os alunos em pé sobre o traçado da cabeça no contorno. Nesse caso, a projeção da lateralidade se dá sem es-

Figura 7

Mapa do *eu* feito por Juliana, 8 anos.

pelhar, isto é, a direita do aluno coincide com a direita do contorno. A professora cola um barbante na testa dos alunos com durex e pede para as crianças identificarem o seu lado direito, colocando uma marca (com giz na mão direita ou com durex no peito direito, etc.). O barbante, linha demarcatória do eixo de lateralidade, deve ser traçado no contorno também. Depois de identificados os lados do corpo no contorno, a professora dá comandos para os alunos identificarem as partes de cada lado do corpo no contorno, por exemplo:
– pulem no ombro direito;
– pulem no joelho esquerdo;
– pulem no pé direito;
– pulem no braço direito;
– pulem na orelha esquerda, etc.

A segunda sequência é idêntica à primeira, porém com lateralidade espelhada, isto é, o aluno posiciona-se em pé sobre os pés do contorno. Dessa forma, sua direita corresponde ao lado esquerdo do contorno. Portanto, quando a professora der os comandos os alunos devem deslocar-se para os lados do contorno, indo para o lado contrário de seu corpo. Por exemplo, se o comando for para ir para o joelho direito, o aluno deve deslocar-se para a esquerda e pular sobre o joelho direito do contorno.

Sugerimos que esta atividade seja feita após os alunos terem identificado o espelhamento da lateralidade, ficando de frente para um colega e perceberem que seu lado direito corresponde ao lado esquerdo do outro.

Possibilidades de Integração
Ciências: partes do corpo.
Educação artística: o próprio desenho do corpo. Explorando-se formas de pintura e expressão, há possibilidade de se fazer exposição desses desenhos em varais na própria classe ou no corredor.
Matemática: formar linhas retas, paralelas, correspondentes às filas dos próprios alunos (correspondência aluno e seu mapa),

alinhar em ordem de tamanho o próprio desenho e depois fazer a correspondência com o alinhamento dos próprios alunos.

Expressão oral: através de um painel, o aluno fala de si. Fazendo um círculo único, cada aluno se apresenta à classe, falando seu nome, idade, procedência, gostos (comida, roupas, cores, perfumes, amigos, esporte, lazer). O professor deve falar de si, também.

Educação física: esquema corporal.

O painel é uma forma importante de dissolver a autoridade do professor, democratizando as oportunidades de expressão. Sendo o conteúdo o EU do aluno, a criança se sente "sujeito" no desenvolvimento desta unidade, preparando-se para se tornar um elemento participante e não receptor passivo dos conhecimentos do professor.

Esta unidade deve ser vivenciada sem pressa, pois nas séries iniciais do 1º grau a formação social deve ser vista como objetivo estrutural paralelamente a sua formação intelectual.

O mapeamento a dois e o painel proporcionam momentos de integração valiosos, que devem ser vivenciados com o propósito de proporcionar o autoconhecimento e o conhecimento dos elementos que compõem o grupo social do aluno.

Variação: "Banho de Papel"

É uma atividade interessante que pode ser desenvolvida para levar o aluno a identificar as partes do próprio corpo, antes mesmo de "mapeá-lo", isto é, projetá-lo no papel.

Consiste em fazer os alunos fingirem estar tornando banho, usando apenas uma folha de papel.

Cada aluno recebe uma folha de papel sulfite ou de caderno. A professora manda fazer de conta que estão tomando banho, e ir relatando os movimentos que vão fazendo de tirar a blusa, as

calças, as meias, etc. Depois fingem abrir o chuveiro e amassam o papel para fazer de bucha. Começam a "tomar banho" com o papel amassado, esfregando as partes do corpo sob comando da professora, assim:
– esfregar o lado de cima da cabeça;
– esfregar a parte de trás da cabeça;
– esfregar o lado direito da cabeça e a orelha esquerda;
– esfregar o lado esquerdo da cabeça e a orelha esquerda;
– esfregar a parte da frente da nuca, a parte de trás;
– esfregar o ombro direito, o lado da frente do tórax, o lado de trás;
– esfregar o braço direito pela frente e por trás;
– esfregar o braço esquerdo pela frente e por trás (notar que devem trocar a bucha de mão para esfregar o lado oposto).

Continuar, mencionando cada parte do corpo com seus lados.

Depois disso, devem esfregar, enxaguar, e secar com o mesmo papel desamassado para fazer de toalha. Para enxugar pode-se mencionar só os lados, como:
– enxugar todo o lado direito do corpo;
– enxugar todo o lado esquerdo do corpo;
– enxugar toda a frente do corpo;
– enxugar toda a parte de trás do corpo.

Esta atividade, por usar estimulação tátil, leva a criança a sentir, e portanto, gravar em sua memória corporal as partes e lados do corpo.

2ª SUGESTÃO
A SALA DE AULA – DA MAQUETE À PLANTA

Baseadas ainda na ideia de que o aluno deve construir noções espaciais através de ações em um espaço conhecido, colocamos a sala de aula para localizar o *eu*.

Seria possível trabalhar o quarto da criança, que também é o espaço conhecido dela e efetivamente significativo, porém depara-se com dois problemas: nem todas as crianças dormem em quarto próprio – muitas não possuem sequer cama individual; a professora não conhece o quarto da criança o que a impede de acompanhar os deslocamentos pelo espaço com vistas ao mapeamento.

Maquete

A maquete servirá de base para se explorar a projeção dos elementos do espaço vivido (a sala de aula) para o espaço representado (planta); as relações espaciais topológicas desses objetos em função de um ponto de referência; desses objetos entre si; e dos mesmos em relação aos sujeitos (alunos). Inicialmente em pontos fixos e depois com deslocamentos.

Materiais
sucata – caixas de papelão do formato que se aproxime da forma da sala
caixas de fósforos vazias
retalhos
copos de iogurte
caixas de remédios
régua
lápis e materiais de pintura
cordão ou barbante
tesoura

Procedimento
Os alunos deverão observar a sala de aula para identificarem os objetos que se encontram em seu interior e estabelecerem sua localização em função dos pontos de referência (porta, janela, etc.).

Em um segundo momento deverão confeccionar a maquete com os objetos em seu interior, conservando a mesma posição que ocupam na sala:
- andar pela sala de aula para observar o seu tamanho, objetos, mobílias;
- escolher a caixa cujo tamanho e forma possam representar a sala;
- recortar as janelas e portas (observar a posição);
- contar o número de carteiras para preparar as caixas de fósforos.

Alunos mais criativos podem recortar e pintar as caixas para que se assemelhem mais às carteiras. Observar a localização exata das carteiras e colocar as caixas de fósforos.
- localizar a mesa da professora, armários, cesto e escolher a forma de representação: caixas e copinho de iogurte, etc. É importante que a professora conduza os alunos a observarem a localização exata do mobiliário: à direita da porta, à esquerda do quadro negro, etc. Esse exercício de localização levará o aluno a situar um objeto de forma exata, utilizando-se de pontos de referência fixos.

Estando pronta a maquete, o professor pode explorar os elementos de localização, através de deslocamentos pela própria maquete. Podem ser utilizados bonequinhos, palitos de fósforos, bonecos recortados de cartolina, ou o próprio dedo.

A partir da localização de sua posição na sala de aula, o aluno projeta-a e passa a localizar a posição de seus colegas em relação, inicialmente, aos referenciais de seu próprio corpo, identificando quem senta à sua frente, atrás, à sua direita e à sua esquerda. Nesse momento, deverão desenvolver a atividade observando a maquete e não a sala de aula, por isso recomendamos que os alunos realizem-na em grupos e com as carteiras fora do lugar de costume.

Posteriormente, podem usar outros referenciais de localização, descentralizados de seu próprio corpo. A professora traça uma linha no centro da classe no sentido do comprimento, dividindo a sala em duas partes, por exemplo, o lado da porta e da janela. Traça outra linha no sentido da largura, dividindo o lado da frente e o lado de trás. Desta forma, a classe fica dividida em quatro quadrantes, conforme o esquema (figura 8):

Figura 8

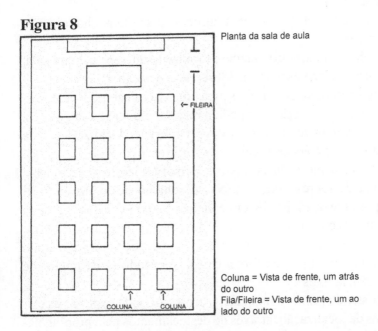

A localização das posições será feita pela projeção dessas linhas na maquete. Assim, cada aluno identifica sua posição em relação aos quadrantes, por exemplo: sua carteira está no lado da frente e da porta. Passa, então, a localizar a posição de seus colegas, da mesa da professora, etc.

Sugerimos que os quadrantes também sirvam de referência para possíveis deslocamentos, como: se fulano trocar de lugar com sicrano em que quadrante ele vai ficar? A professora deve levar o aluno a perceber que o quadrante mais distante é o que fica diametralmente oposto. E que quem senta no centro da sala tem praticamente a mesma distância em relação aos extremos de todos os quadrantes.

A divisão da classe em quadrantes, iniciada com referenciais topológicos elementares, deve passar para referenciais mais abstratos, primeiro substituindo-se os lados porta-janela por direita-esquerda, e, depois, usando-se os pontos cardeais. (Ver figura 9.)

Ressaltamos que nem sempre os pontos cardeais dividem a sala em quadrantes perfeitos, podendo ser assimétricos.

O aluno também deve localizar a sua carteira, e conseguir expressar esta localização utilizando-se de *linhas coordenadas:* "minha carteira fica na segunda fila, terceira coluna". (Ver figura 8.) Esta observação é uma preparação para a leitura das coordenadas geográficas: a latitude e a longitude. Embora a latitude e a longitude sejam medidas angulares, a noção de se localizar um ponto na superfície, através de cruzamento de duas linhas ou medidas, já fica construída.

Figura 9

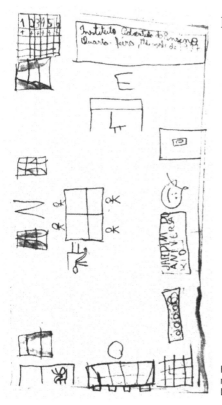

Planta da sala de aula onde estão registrados os pontos de orientação.
Desenho de Álvaro, 8 anos e 8 meses.

Planta da Sala de Aula

A partir da observação da maquete vista anteriormente, os alunos deverão desenhar a planta da mesma, com os detalhes encontrados e nas posições correspondentes.

Neste momento, serão trabalhadas as noções de projeção e de representação simbólica. A planta da sala terá uma característica fortemente simbólica e pictórica, servindo de ponte entre o espaço real e sua representação gráfica.

Materiais
papel sulfite – manilha para fixar como área do piso da sala
lápis e material de pintura
régua
barbante
papel colorido
varetas de vários tamanhos

Procedimento
Cada equipe colocará a maquete construí da no chão e observando a maquete de cima, irá projetá-la na folha de papel.

A equipe deve escolher como representar as carteiras, se colando papéis recortados, ou desenhando os retângulos ou círculos.

O aluno pode diferenciar a própria carteira através de cor diferente.

A professora deve mostrar a importância da legenda, e chamar a atenção para que as cores ou formas utilizadas na planta sejam idênticas na planta e legenda. A planta feita pela projeção da maquete não está em escala. Para introduzir a noção de escala, sugerimos uma segunda planta que descrevemos mais adiante.

Para limitar a sala de aula, a professora deve mostrar aos alunos a noção de redução proporcional. Os alunos medirão as paredes com barbante ou corda e dobrarão o barbante tantas vezes quantas forem necessárias até que caiba no papel. Então cortarão um segmento deste barbante dobrado para que sirva de parede, colando-o exatamente em um dos lados. Procede-se da mesma maneira para as outras paredes.

Um pedaço do barbante deverá também constar da legenda. E para representar a escala, o aluno deve colocar o número de vezes em que o barbante foi cortado.

Este tipo de atividade deve ser feito sem pressa, e se o aluno não compreender a relação da redução proporcional, fundamental para a compreensão da noção de escala, o professor deve criar outros tipos de atividades. Por exemplo, o aluno deve medir a carteira utilizando a régua. Pode medir a parede utilizando a carteira, cadeira, livros, apagador, e sentindo a necessidade de uma medida padrão o professor pode sugerir as ripas de madeira ou barbante (cortadas para este fim) de 1 cm, 1 dm e 1 m. O aluno chegará à conclusão de que em lugar de 10 cm pode utilizar 1 dm e um lugar de 10 dm pode utilizar 1 m. Após esta conclusão, o professor deve sair ao pátio e medir a vontade a distância entre duas árvores, entre a porta de entrada e a porta do prédio, etc.

Desta forma, os alunos compreenderão que há equivalência entre os padrões de medição, sendo possível reduzir o tamanho, sem deformar o original (real), obedecendo a este princípio de equivalência e proporcionalidade.

Possibilidades de Integração
Educação artística: quanto mais bem integradas com as atividades de educação artística a maquete e a planta estarão enriquecidas de criatividade e esmero na representação simbólica.
Matemática: observação e contagem dos elementos existentes na sala; utilização de retas coordenadas e localização; desenhos de figuras geométricas; divisão para obtenção de redução proporcional (barbante); operacionalização de distâncias, equivalência (cm, dm, m).

Figura 10

Maquete de uma sala de aula executada por alunas do curso CENP-SE-USP, em fevereiro de 1988.

Figura 11

Maquete do quarteirão da escola, feita por professora do curso CENP-SE-USP.

Língua portuguesa: ao deslocar-se pela maquete e posteriormente pela planta, o aluno busca uma forma de expressão informativa, que deve ser clara e objetiva
Educação física: retas coordenadas, colunas.

3ª SUGESTÃO
PRÉDIO DA ESCOLA

Nenhum espaço encontra-se isolado ou solto, mas integrado em espaços mais amplos, com os quais estabelece uma continuidade espacial, mantendo uma inter-relação social, humana e até de ordem natural (rios que nascem e percorrem espaços, o vento, o homem que trabalha e vive em espaços vizinhos ou não, tudo traz uma integração). Portanto o aluno deve perceber essa continuidade e integração agindo no espaço e mapeando-o.

Ao incluir o espaço estudado anteriormente no espaço do prédio escolar, a criança estará construindo noções de:
- inclusão (de um espaço em um espaço maior)
- continuidade
- vizinhança

Estas noções, as relações espaciais topológicas, são as primeiras a serem percebidas pela criança. Portanto mapeá-las, deve ser também um dos primeiros trabalhos de representação espacial.

Materiais
Planta oficial do prédio da escola Se não houver, a professora deve fazer um croqui, reproduzindo as relações de espaço, localização correta das salas e proporcionalidade na redução.
papel sulfite
material de pintura

Procedimento
1ª atividade: percorrer o prédio e reconhecer as salas e suas respectivas funções, com a planta em mãos.

2ª atividade: em sala de aula, criar símbolos (cores ou signos) para as funções.

3ª atividade: elaborar a legenda.

4ª atividade: percorrer de maneira imaginária uma planta, fazendo vários trajetos: ida à biblioteca, diretoria, bebedouro, outras salas.

O deslocamento reforça a relação espacial topológica: qual a sala em que você passará logo após a nossa, indo para a esquerda? (vizinhança). Quais as salas que ficam deste mesmo lado do corredor? (continuidade). Quais as salas que ficam neste andar? (inclusão).

Desta forma, além de o aluno conseguir utilizar a planta confeccionada, ao reutilizá-la com a legenda, havendo um reforço da relação significante X significado, ele estará lendo a planta através de seus significantes, traduzidos, porém, para o seu significado.

Possibilidades de Integração
Educação artística: confecção do mapa; sua pintura.

Matemática: contar as salas para localização daquela que se pede; classificação (salas de aula, diretoria, biblioteca).

Trabalho com fotos: como exercício de descentralização, que possibilitará posteriormente a formação da noção de projeção, é importante o trabalho com fotos do prédio da escola em vários ângulos.

Os ângulos escolhidos devem ser os mais significativos para que o aluno possa reconhecer os elementos com facilidade. Os alunos deverão identificar os ângulos de onde foram tiradas. Ou se colocar em determinado ponto e distinguir a foto que tiraria desse local.

4ª SUGESTÃO
A ESCOLA

Dentro do princípio de inclusão de um espaço em um espaço maior, e pela importância de se dar a noção de continuidade espacial, naturalmente surge como sugestão o estudo e mapeamento da escola, seu terreno e tudo que se localiza nele como cantina, depósito de materiais, etc.
Continuamos neste mapeamento explorando as noções espaciais topológicas: dentro/fora, vizinhos e a fronteira (muro).

Materiais
planta oficial da escola
giz
material de pintura

Procedimento
A criança percorre todas as unidades, reconhecendo o pátio, a quadra de esportes, cantina, bebedouro, banheiros, casa do zelador, etc. Deve ser considerado um dia de exploração e observação, sem que o professor tente colocar respostas prontas.
O objetivo principal é a observação e através dela o reconhecimento das unidades e sua localização. Voltando à sala de aula, o professor sempre deve rever o percurso, aceitando as observações feitas pelos alunos. De novo, deve ser feita uma lista de cores, números ou códigos para cada unidade e 'compor a legenda.
O professor poderá depois explorar o espaço mapeado através de exercícios que desenvolvam orientação e localização como pedir:
– mostre na planta, por onde você entra quando você chega.
– venha da entrada até a sua sala passando pelo bebedouro.

Ou indagar:
- como você iria à quadra sem passar pela cantina?
- saindo da sala e indo para a esquerda por onde você passa?

A imaginação do professor e a criatividade dos alunos podem levar a classe a inventar uma história para esses percursos.

Possibilidades de Integração
Educação artística: confecção da planta e legenda.
Matemática: medições, caminhos.
Língua portuguesa: expressão oral.
Educação física: localização, dentro/fora, vizinhos.

Variação: Mapa do Playground

Materiais
papéis
material de desenho

Procedimento

Primeiramente as crianças devem caminhar livremente pelo *playground*. Depois, o professor pede que continuem caminhando, mas que observem bem a localização de cada brinquedo. Voltando à sala os alunos devem desenhar as peças no papel, conservando a localização e a distância.

O professor pode pedir ainda que os alunos desenhem o *playground* que desejariam ter, com tudo que imaginam e sonham. Possivelmente aparecerão *playgrounds* com pistas de *skate*, pistas de patins, piscinas, etc.

Possibilidades de Integração: as mesmas da unidade.

5ª SUGESTÃO
O QUARTEIRÃO DA ESCOLA

É o espaço que contém o prédio da escola
É explorado ainda o espaço topológico: vizinhos e não vizinhos da escola.
Ainda as noções de ordem e sequência: antes, depois, frente e atrás.

Materiais
xerox da planta que contém o quarteirão da escola
croquis da quadra
lápis
material de pintura

Procedimento
O professor sairá com os alunos para reconhecer:
– nome das ruas
– casas
– lojas comerciais, de serviços
– bancos
– dimensão do terreno ocupado pela escola (vista externa).
Na sala de aula, elaborar a legenda para os símbolos escolhidos.

Possibilidades de Integração
Educação artística: desenhos
Matemática: conjuntos, seriação, sequência.
Língua portuguesa: expressão do espaço percorrido
Educação física: noção de ordem, frente/atrás, antes/depois.

6ª SUGESTÃO
CAMINHO CASA–ESCOLA

Trata-se do trajeto percorrido pelos alunos diariamente. Muitos não observam nomes de ruas, tipos de estabelecimento, direções, etc. Muitos sequer conseguem apontar a direção de suas casas.

Materiais
xerox do bairro
xerox da planta do subdistrito
lápis e material de pintura

Procedimento
Primeiramente o professor deve pedir ao aluno que faça o desenho do caminho percorrido diariamente de sua casa à escola. O professor deve orientá-lo a colocar o nome das ruas e os pontos de referência importantes para que a sua casa possa ser localizada. Passará, de novo, a elaborar símbolos/signos para que as informações sejam codificadas. E, posteriormente, a legenda para a compreensão do mapa. (Fig. 12.)

Num segundo momento, o aluno deve reconhecer o caminho que faz diariamente, no xerox da planta do bairro e transcrever o desenho que fez, na planta.

O professor pode colocar a planta grande do bairro no mural e fazer cada aluno mostrar a localização de sua casa e o caminho que faz.

É possível também que cada aluno traga um alfinete de cabeça colorido e o coloque no local exato de sua casa.

O professor pode explorar bem a localização dos alunos, porque isso leva a um reconhecimento espacial do bairro através

Figura 12

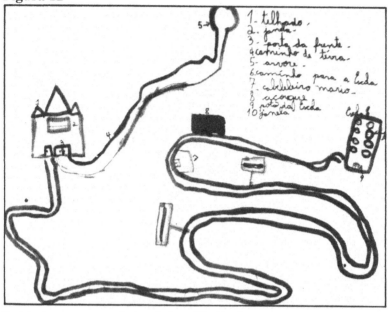

Caminho de casa para a escola, desenhado por Ellen Key, 7 anos e meio.

da justaposição de informações. A planta do bairro com os alfinetes mostrará a dinâmica do espaço, será uma planta com ocupação humana. Os deslocamentos diários (casa-escola, casa-trabalho) ou esporádicos (casa-compras, casa-parentes, casa-lazer), podem ser explorados, também, sempre que o aluno se referir a essas possibilidades.

As localizações das casas de cada aluno podem ser transportadas por ele para seu xerox. No caso, pode-se estabelecer a cor de cada aluno e fazer a legenda.

Seria produtivo se ao mapear o trajeto casa-escola, os alunos comparassem as distâncias percorridas (mais distantes, menos distantes). Poderiam chegar à conclusão de que morando mais próximos poderão fazer o trajeto juntos, fazer trabalhos juntos, por exemplo.

O professor deve conhecer o bairro de forma que possa explorar o deslocamento pela planta, como ir para casa passando pelo supermercado; comparar trajetos; chegar mais rapidamente sem pegar semáforos; localizar lojas e serviços.

Possibilidades de Integração
As mesmas da sugestão anterior.

Variação: Mapa da amizade

Materiais
papéis
lápis

Procedimento
Após as observações sobre o caminho casa-escola, o professor pode sugerir que os alunos façam um minucioso mapeamento do caminho e o estendam aos amigos para visitá-los.

Neste momento, o professor deve lembrar da importância dos pontos de referência e da exatidão dos nomes das ruas principais e da de sua casa, assim como da legenda para os símbolos empregados.

7ª SUGESTÃO
CASA

É o espaço de afeto, onde o *eu* habita e se desloca. É, também onde o *eu* se constrói relacionando-se com o seu primeiro grupo social, a família. É o espaço onde ele fica protegido.

É ali que a criança projeta seus sonhos, suas fantasias. Numa escola estadual pediu-se para uma classe da 2ª série que desenhassem sua casa vista de vários lados. Uma criança habitante da FEBEM desenhou uma casa com piscina e em transparência uma cena de refeição com uma mesa tipo banquete contendo várias travessas com a reunião completa de papai, mamãe, irmãos. É importante, por isso, que o professor considere o aspecto afetivo ao trabalhar o espaço-casa.

Materiais
papéis sulfite
materiais de desenho
kit construção, se possível

Procedimento
O professor solicita aos alunos que desenhem sua casa de vários ângulos.

É preciso não esquecer que as crianças nesta idade (7-8 anos) estão na fase de desenhar o que sabem e não o que veem (realismo intelectual); portanto, o professor não deve corrigir problemas de transparências, confusão de perspectivas (egocentrismo espacial).

O professor pode expor em varais os desenhos e em seguida mostrar por maquete, da sala de aula ou *kit** construção a noção da planta baixa; e pedir que os alunos passem aqueles desenhos para a situação de planta.

Utilização do kit *construção*
Se possível, trabalhar com um *kit* por equipe. O professor elabora previamente uma planta com uma medição que possibilite a utilização do número de tijolos contidos no *kit* e constrói as

---

* Trata-se de um *kit* contendo tijolos, telhas, ripas em miniatura, encontrado em lojas de brinquedos pedagógicos.

paredes sobre a planta baixa, coloca as ripas e telhas e passa para o aluno a ligação da bidimensionalidade para a tridimensionalidade. Se houver um *kit* por equipe, após essa constatação o professor solicita que cada equipe construa a sua planta e monte uma casa com aquele material disponível. A criatividade dos alunos deve ser deixada à solta.

Possibilidades de Integração
Matemática: medição para construção da planta; contagem dos tijolos e telhas do *kit*.
Desenho: utilização de régua; representação da casa em várias perspectivas.

Variação: Desenho da Família e da Casa

Materiais
 papéis
canetas
lápis
tesoura

Procedimento
Pedir para cada criança desenhar sua casa. Em seguida, em um outro papel, desenhar os componentes da família. Deixar que pintem, recortem e colem no desenho da casa. Possivelmente, o tamanho das pessoas não será proporcional, mas como a criança, na idade do realismo intelectual, desenha não pela observação direta, mas pelo que imagina e muito mais pela ordem afetiva ou funcional que dá aos personagens e mesmo às partes do corpo, é preciso que o professor não corrija as imperfeições quanto ao tamanho das pessoas. Para a criança, as pessoas e as partes do corpo têm uma ordem afetiva que ela representa no desenho. Quando, por exemplo, a mãe for desenhada fazendo um bolo, a mão que estiver

lidando com o bolo deve aparecer maior que a outra; ou poderá aparecer no desenho apenas a mão que estiver fazendo o bolo e será desprezada a outra mão. O mesmo acontecerá com outras partes do corpo.

Variação: Mapa da Minha Casa

Materiais
papéis
lápis de cor ou qualquer similar para desenho

Procedimento
O professor deve sugerir que as crianças olhem e observem suas camas. Primeiramente, sentadas no chão, desenham a cama vista de lado, do jeito que enxergam.
Em uma outra folha, devem desenhar a cama vista de cima.
Sugere-se que as crianças subam em uma cadeira ou escada se tiverem em suas casas e desenhem a cama vista de cima.
O professor não deve ser exigente em relação às medidas, e deve tolerar as confusões de projeção.

8ª SUGESTÃO
O BAIRRO

Caso o aluno more no bairro onde se localiza a escola, este estudo dará continuidade aos espaços anteriormente estudados, emprestando-lhes uma unidade (envolvimento).

Materiais
xerox de planta do bairro
lápis e materiais de pintura

O aluno que não morar nas imediações da escola deve tirar xerox da parte que contenha a escola e outra da que contiver a sua casa, em processo de continuidade.

Procedimento

1. Transpor as informações anteriores na nova planta (localização da escola, informações sobre o quarteirão da escola, caminho casa-escola, nome das ruas e estabelecimentos).

2. Estudo do meio: serão explorados neste passeio os serviços (escolas, bancos, postos de saúde, correio, postos telefônicos, etc.), residências, casas comerciais e indústrias, se houver. Observar o nome das ruas principais, fluxo de carros, ônibus, e outros meios de transportes. Localizar os estabelecimentos principais e escolher um símbolo para representá-los no mapa. Criar a legenda.

3. Exploração da ocupação humana: a partir das discussões "Os problemas do meu bairro", fazer um painel ou mandar fazer uma redação. Em uma escola municipal localizada em uma COHAB de ltapecerica da Serra, após essa discussão a professora sugeriu que os alunos escrevessem uma carta ao prefeito descrevendo os problemas denunciados nas redações e pedindo soluções para a COHAB. Os problemas citados eram: falta de asfalto e luz nas ruas, falta de segurança, problemas da coleta do lixo, falta de estrutura para compras básicas como padaria, quitanda e açougue. Este procedimento é importante no aprendizado de cidadania do aluno.

4. Classificação das funções do bairro: não é necessário estabelecer uma classificação muito padronizada. O aluno é obrigado a refletir sobre as categorias, e decidir qual categoria deve ser utilizada neste ou naquele caso. Por exemplo, muitas vezes surge a discussão sobre a classificação da padaria: ela é uma indústria uma vez que transforma matérias-primas em mercadorias que são vendidas, mas também exerce um comércio bastante diversificado, de outros produtos não produzidos na padaria. Essas discussões são importantes para que o aluno perceba as diferenças e as funções

dos diversos estabelecimentos. Após decidida a classificação, elabora-se uma lista de símbolos para cada categoria e faz-se a legenda. Por exemplo: casas residenciais; lojas comerciais; prestação de serviços.

Os alunos podem querer subdividir algumas categorias como as lojas comerciais em comércio de comestíveis, comércio de roupas ou comércio de materiais escolares e de escritório.

O professor deve dar certa liberdade nestas classificações, e ser vigilante apenas para que não haja confusão na classificação.

Conforme a percepção dos alunos, será conseguida uma classificação mais aprimorada ou mais generalizada.

Ao decidir sobre determinada categoria que deve englobar outras, o aluno aprende a desprezar detalhes (generalizar) e a considerar determinados aspectos de caracterização mais significativos (selecionar).

Após a decisão das categorias, pode-se criar símbolos para expressar essa classificação na própria planta do bairro e em seguida faz-se a legenda.

Para criar os símbolos, os alunos podem decidir se usarão símbolos icônicos ou abstratos (cores, figuras geométricas). O professor deve lembrar que a simbologia refletindo os fatos representados torna o mapa fácil para interpretação e leitura, não obrigando o leitor a consultar constantemente a legenda.

Possibilidades de Integração
Língua portuguesa: discussão e redação.
Educação artística: expressão gráfica do passeio e do bairro como um todo.
Matemática: contagem e classificação dos estabelecimentos.

Variação: Mapa da Comunidade dos Meus Sonhos

Materiais
papel
material de desenho

Procedimento
O professor deve sugerir aos alunos que imaginem ter poderes para modificar o bairro onde moram. E vão fazer o mapa deste novo bairro.

O professor deve permitir que os alunos modifiquem praças, construam hospitais, etc. O objetivo é levar os alunos a criar uma visão das alternativas, e para isso terão uma observação mais crítica da ocupação espacial atual.

A imaginação deve ficar à solta, porém o professor deve insistir na clareza dos símbolos, necessidade das legendas, e exigir argumentos lógicos para a nova organização espacial.

9ª SUGESTÃO
O MUNICÍPIO

Embora essa sequência não deva ser seguida à risca, dentro do princípio de inclusão de um espaço em outro maior – para que o aluno sinta a continuidade espacial –, o município pode ser a etapa seguinte ao estudo do bairro.

Muitas vezes a sugestão parte do próprio aluno, quando da exploração de bairros vizinhos, no sentido de querer colocar no mapa o que sabe a respeito do espaço: casa de parentes, clubes, escolas, casas em que morou anteriormente, etc.

Materiais
mapa mural do município dividido em subdistritos; se a escola tiver possibilidade, o mapa pode ser utilizado por equipe
alfinetes coloridos ou material semelhante
xerox do mapa do município em escala maior
durex colorido, crepe ou similar
material para reprodução do mapa mural: feltro, lona, ou similar

Figura 13

Maquete de uma vila imaginária. Curso Convênio CENP-SE-USP, em janeiro de 1988.

Figura 14

Maquete elaborada a partir de modelo fornecido por Piaget em *La Représentation de l'Espace chez l'Enfant*. Paris, PUF, 1981.

Obs.: Embora mural, o mapa deve ser colocado no chão, evitando-se, desta forma, a habitual confusão de "para cima" e "para baixo" (em relação ao cima – parede acima, baixo – parede abaixo) ao invés de se utilizar a expressão geograficamente correta: ao norte e ao sul (referindo-se às direções cardeais); para cima e para baixo (referindo-se a descer o rio, descer a montanha ou subir a montanha).

Procedimento
1. Como etapa inicial, o professor pode deixar que os alunos encontrem o bairro da escola, o bairro de sua moradia e façam explorações espontâneas do tipo:
– Olha, eu já fui a este bairro!
– Meu pai tem um parente...
– O Shopping...
– Eu já morei, eu moro, meu avô mora...

2. Cada aluno pega um alfinete colorido, localiza sua casa e percorre com o dedo o caminho casa-escola.

3. O professor deve explorar o mapa após a colocação de todos os alfinetes, para levantar a questão de espaço ocupado/organizado que é o resultado de sua função/necessidade.

4. O professor pode reproduzir o mapa do município em outro material: papel cartão, madeira compensada, cortiça, pano (lona), feltro, etc. Inicialmente o professor faz o contorno (giz, lápis cera, giz de costureira, pincel atômico, etc.) e com a ajuda dos alunos coloca o nome dos municípios vizinhos, rios (traçado correto, com carbono, via mapa mural original) vias importantes de transporte (metrô, ferrovia, rodovia, principais avenidas). Essas informações lineares podem ser fornecidas com a utilização de durex colorido, fita crepe ou similar ou simplesmente através de pintura. Eles devem ficar nítidos, para

que possam servir de referencial para as próximas localizações pontuais e areolares.*

Os alunos devem transportar as informações sobre localização de suas moradias (alfinetes coloridos) e da escola para este novo mapa. Esta etapa é importante porque o aluno terá que observar em que margem do rio fica o seu bairro, ou lado da rodovia/ferrovia ou dos grandes eixos de circulação. Essa sequência não deve ser rígida.

Há ainda informações complementares como: onde são feitas as compras, onde o pai e a mãe trabalham, onde fazem passeios, etc. Desta forma, o mapa passa a conter informações do município a respeito dos bairros e suas funções, circulação, recursos, através das informações da vivência dos alunos. Neste mapeamento, o aluno estará se utilizando de técnicas da cartografia como: coleta de informações, classificação, seleção e generalização.

Deverá ser criada uma linguagem para expressar as informações de forma sintética e organizada, ou seja, numa codificação. O professor pode elaborar essa linguagem codificada com a participação dos alunos que devem ter a liberdade de escolher entre os signos (icônicos, cores, formas abstratas, letras, números), aquele que consiga sentir melhor para expressar aquela realidade.

A legenda nasce de forma natural como a operação de reversibilidade da codificação. Os signos são escolhidos de forma democrática, por convenção (combinação) entre os próprios alunos, e a legenda desta nova listagem deve ser colocada no mapa elaborado pela classe.

---

* Nos mapas, as cidades aparecem representadas por pontos (pontuais). As áreas (areolares) se referem à produção agrícola, tipo de clima.

Figura 15

Cidade vista por André, 6 anos, onde se percebe a ausência de perspectiva, distância e proporção.

Figura 16

Cidade vista por Melissa, 10 anos, onde já se percebe a proporcionalidade.

5. Estudo do meio – Os alunos devem percorrer as rodovias, ferrovias, as principais avenidas, áreas de comércio, residências, indústrias, redes hidrográficas, estações de trem, rodoviárias, metrô, etc.

O professor deve primeiramente fazer um reconhecimento para escolher o roteiro convenientemente a fim de abarcar o máximo de informações, em um mínimo de tempo, pois um roteiro confuso e longo cansa as crianças e será pouco produtivo.

Há uma dúvida em relação à ordem dessas atividades: se se mapeia primeiro e depois passa-se ao reconhecimento, ou se percorre o meio para depois mapeá-lo.

De qualquer forma, ao fazer o percurso, o aluno deve levar um croqui do município com o roteiro, as principais vias de circulação, rede hidrográfica e os recursos municipais.

Em municípios onde há um engajamento escola-comunidade-prefeitura é possível requerer-se junto à prefeitura uma visita para entrevistar o prefeito, e um comparecimento à câmara municipal para que os alunos possam observar de perto a discussão entre os vereadores, verificando qual sua função e a da câmara.

Os professores da 3ª série do Instituto Adventista de Ensino (ltapecerica) fazem um trabalho significativo neste sentido, junto à prefeitura, câmara do município de ltapecerica da Serra. Os alunos participam de uma discussão na câmara, onde têm oportunidade de levantar problemas e sugerir soluções e assistir à tramitação legal da lei que estão pretendendo criar. É uma boa oportunidade de vivenciar uma discussão com vários pontos de vista onde se percorre um caminho lógico em que se assiste a um jogo de interesses.

6. Após essas experiências em que o aluno vive um papel ativo na elaboração de seu conhecimento, pode haver um relatório ou apenas uma redação que aponte os problemas do município, ou faça sugestões de melhoria de vida no município.

Em todas as situações de mapeamento ou de exploração do meio, o professor deve se empenhar em levar o aluno a observar o espaço vivido, o espaço organizado pelo homem, e não separar de forma estanque o aspecto físico e o humano. O professor não deve fugir às observações dos alunos quanto às contradições existentes: as favelas e os moradores de ponte contracenando com as mansões; o contraste entre vendedores ambulantes e shoppings e supermercados; e as filas do INAMPS em comparação com os hospitais particulares.

As informações colhidas podem ser colocadas no mapa mural do município anteriormente confeccionado. Se a base do mapa é de feltro, as informações podem ser recortadas e ter lixa no seu verso para que funcione como flanelógrafo. As figuras podem ser símbolos pictóricos ou abstratos. Não deve ser esquecida a legenda com todos os símbolos, inclusive os anteriormente colocados (estradas, rios e principais vias de circulação).

Possibilidades de Integração
Matemática: medição e contagem dos elementos.
Língua portuguesa: símbolos e expressão oral.
Educação artística: expressão gráfica; confecção do flanelógrafo.

7. Limites e Fronteiras – É possível se organizar um passeio para atravessar fronteiras – "Divisa de Município". O aluno percebe a noção de vizinhança, fronteira e cria a noção de que essas linhas do mapa, não existem na realidade, a não ser como convenção estabelecida (linhas imaginárias).

Escolher os municípios que tenham ligações mais significativas com o município onde a escola se localiza e analisar essa interdependência.

8. Visita a feiras, supermercados, varejões, etc. Não é necessário que seja com a professora, mas como tarefa de casa. Fazer uma pesquisa da procedência das mercadorias, mão de obra, matérias-primas e, assim, traçar as linhas de fluxo no mapa.

Antes da visita deve ser montado um questionário entre professores e alunos para que ela seja produtiva. As informações obtidas devem ajudar a compor o mapa e as crianças devem perceber a dinâmica de interdependência entre os municípios.

Possivelmente esse trabalho trará para os alunos a visão de que existem outros municípios, além daqueles assinalados (vizinhos) assim como existem outros estados, e muitas vezes até países. Isso prepara a atividade seguinte.*

Variação

Realizar o mesmo trabalho feito com a "A comunidade dos meus sonhos" para o "Município dos meus sonhos".

10ª SUGESTÃO
MUNICÍPIOS VIZINHOS

O mapa construído anteriormente já traz os municípios vizinhos. Porém eles foram apenas citados e situados em suas fronteiras com o município em estudo.

É importante, no entanto, que essa relação topológica de vizinhança seja explorada em termos de interligação e interdependência viva: pessoas trabalham nos municípios vizinhos ou moram, ou estudam ou têm relações cotidianas que ocorrem entre municípios vizinhos. Podem ser exploradas outras interdependências mais complexas como o mercado de compra ou venda, matérias-primas, energia, tecnologia, serviços, assistência técnica, etc.

A criança deve entender que os espaços não são estanques e que existe essa integração, principalmente porque o homem cria essas relações, organiza-se através dessas relações e ele próprio constrói essas organizações espaciais dinâmicas.

---

* Sobre procedimentos para estudo de um município e seu mapeamento, consultar o trabalho "Mapas municipais para crianças" da prof. Renata Hebling – mimeo UNESP-Rio Claro.

O mapa anterior pode ser revisto ou pode-se ser construído um novo, com a inclusão desses municípios vizinhos, caracterizando-os através de suas funções predominantes: residenciais, fabris, cinturão verde, etc.

As vias de circulação devem ser revistas neste novo mapa, mostrando a continuidade da circulação, principalmente em função das relações anteriormente citadas. É preciso que o aluno perceba essa dinâmica de pessoas, de mercadorias, de necessidades.

Em todos os mapas deve ser criada a simbologia, que expressa essas informações. Para melhor compreensão, o aluno pode utilizar a mesma simbologia utilizada no mapa anterior. Todas as vezes, o cuidado com a legenda deve ser tomado.

11ª SUGESTÃO
O ESTADO

O estado como a reunião de "os outros municípios" além dos vizinhos, tratados anteriormente, trabalha a noção de envolvimento.

A criança alfabetizada para a leitura cartográfica deverá estar capacitada para ler mapas do estado projetivos e euclidianos.

O importante é que o professor esteja atento à forma como o aluno se conduz nesta leitura.

Materiais
mapas murais do estado
foto aérea
mapa anterior (municípios vizinhos)

Procedimento
1. O mapa deve ser colocado no chão, para que os alunos não façam confusão entre subir e descer montanhas e ir ao norte ou ao sul.

2. Observação do título: o título traz a informação sobre o espaço representado e o conteúdo que aquele mapa traz, se político, topográfico, hidrográfico, econômico, de vias de transporte, etc.
3. Leitura da legenda: fazer a relação significante/significado de cada signo colocado. Se houver signos não colocados no mapa ou vice-versa, o professor deve fazer a relação.
4. Localização dos signos com significado nos mapas.
5. Leitura: ler o mapa com significante/significado do signo. Observar a distribuição dos signos.

Mesmo que o aluno esteja lendo mapas com relativa facilidade, é necessário possibilitar a leitura de mapas com apenas uma informação de cada vez e depois relacioná-las. Por exemplo, para compreender o mapa de cidades, pedir que decodifique os círculos e pontos representando as cidades, sua proporcionalidade relativa ao número de habitantes. Num momento seguinte, pedir que se atenha à localização das cidades, cuja trama pode levar ao mapa de circulação.

Os mapas de relevo são mais abstratos para a criança, e poderiam se tornar mais claros, se acompanhados de análise de fotografia aérea. Também a observação direta nos passeios (estudo do meio) é importante.

Os mapas de hidrografia são mais claros porque o aluno vê o rio e o traçado do rio se assemelha ao traçado colocado no mapa. E quando do estudo do meio, a observação da rede hidrográfica do município foi transportada para o mapa. Este mapa depois de explorado – nomes, direção, cidades que cortam, afluência, confluência –, podem ajudar na compreensão dos mapas de relevo,

6. Estudo do meio: utilizar alguns meios de transporte como trem, ônibus, barcaças para travessia do rio, é interessante e importante para o conhecimento concreto do espaço-estado.

Nestes passeios, o aluno deve levar os mapas para acompanhar a sua andança e constatar sua representação.

É importante que na volta já se tenha a codificação das informações em um mapa-mundo e a construção da respectiva legenda.

Após a colocação das informações, o professor deve explorar a questão das relações de troca, de fluxos migratórios, de mercado, etc.

7. Leitura de texto: o professor pode mostrar aos alunos que as informações contidas no mapa e constatadas na realidade podem sofrer modificações e que leituras de textos podem auxiliar a compreensão da leitura de mapas, assim como uma interpretação mais aprofundada.

ATIVIDADES QUE AUXILIARÃO NA CONSTRUÇÃO DOS CONCEITOS ESPACIAIS

Estas atividades podem ser inseridas dentro de qualquer contexto espacial – sala de aula, casa, prédio da escola, bairro, etc., porque tratam das direções cardeais, equivalência de medidas, proporcionalidade, função simbólica que são estruturas que auxiliarão na construção de relações espaciais e linguagem cartográfica da sua representação. O professor deve decidir o momento de introduzir estas atividades de forma a não confundir o aluno, colocando muitas informações concomitantes.

Ao representar graficamente sua sala de aula, o aluno deve orientar sua planta. É um princípio cartográfico orientar qualquer representação do espaço, para ter um referencial. O norte sempre estará ao norte, compatível com a agulha da bússola, compatível com a posição do Sol, compatível com outros referenciais de orientação do espaço.

Embora evidente para muitos professores, alguns ainda se surpreendem ao constatar a coincidência do leste mostrado pela bússola e o leste da posição do sol nascente!

Trabalho com Bússola

É preciso haver, no mínimo, uma bússola por grupo.
Os grupos se reúnem e exploram a bússola – forma, elementos, comportamento, etc.

Quando perguntarem porque a agulha se mexe ou o que são as letras (as direções cardeais) - explicar que a agulha fica na posição norte-sul, porque sendo imantada é atraída pelos pólos. Orientar a sala de aula, o pátio, a quadra de esportes, nomear cada elemento do pátio e a sua direção.

Deixar claro que são direções, o sentido e não um ponto fixo. Seguindo sempre em direção à nascente do Sol, estaremos sempre indo em direção leste. Seguindo sempre em direção ao leste da bússola, estaremos indo em direção leste. Seguindo sempre na direção apontada pela agulha da bússola, estaremos nos dirigindo para o norte. O único norte absoluto é o polo norte. Assim, como o único sul absoluto é o polo sul.

Obs.: é possível construir uma bússola, com cortiça e um copo qualquer. Imanta-se uma agulha qualquer, esfregando a agulha em um imã. Cola-se a agulha sobre o pedaço de cortiça. Coloca-se água no copo e deixa-se a cortiça boiar na água. A direção apontada pela agulha, será o norte.

Trabalho com a Posição do Sol

Deve-se dividir a classe em grupos. No pátio, esperar que encontrem o Sol. De manhã, ele estará indicando o leste. Perguntar: O que se encontra na direção leste? Se você continuar nessa direção por onde você passará?

De tarde, estará indicando o oeste. Cada grupo pode expressar a compreensão destas duas posições no chão, da forma que quiser, com giz, pedras, ou o próprio corpo. Ao voltar à sala de aula, orientar, também a sala, riscando no chão a rosa dos ventos.

Trabalho com Globos

O professor deve ter em sua sala de aula a maquete da Terra – o globo terrestre.

Ao término da maquete da sala de aula, o professor pode referir-se à redução sofrida em relação ao real, e ao mesmo tempo mostrar o globo terrestre e observar o quanto o globo está reduzido, porém representa a Terra, sua divisão em terras e águas, a divisão continental, as ilhas.

Como maquete da Terra, o globo terrestre é sua representação mais fiel e, portanto, precisa ser utilizado como instrumento para que o aluno conceba as relações espaciais entre as localidades de seu espaço.

O trabalho com o globo terrestre deve ser realizado concomitante às atividades de orientação da sala de aula, porque a compreensão da direção norte-sul fica mais clara se mostrada no globo.

Seria muito produtivo se houvesse um globo por equipe, pelo menos.

O professor pode ainda neste momento falar da rotação da Terra, e indicar a direção leste-oeste, principalmente para que o aluno compreenda que leste-oeste são direções e não pontos ou locais fixos.

Para o aluno entender o movimento de rotação é necessário que ele tenha oportunidade de observar e relacionar o movimento de rotação da Terra e a alternância entre o dia e a noite. Para isso a professora pode demonstrar o movimento de rotação com um globo terrestre, um foco de luz e um boneco de cartolina colado com durex sobre São Paulo (ou a localidade onde estiver a escola), com a face voltada para o norte e as costas para o sul. Nessa demonstração a professora gira o globo de oeste para leste e pede para os alunos imaginarem que estão no lugar daquele boneco em diferentes momentos do dia.

Num momento o boneco estará do lado da sombra. Quando ele começar a ver a luz do sol (início da manhã), a professora pode perguntar de que lado da localidade em pauta o sol é visto de manhã cedo. A resposta pode ser: do lado onde estão as fábricas. Esse é o lado do leste.

Quando a luz do foco estiver sobre o boneco, será meio-dia. A professora poderá mostrar que para o boneco ver o sol ele terá que levantar a cabeça.

Quando o dia está para terminar, a professora mostra que o boneco vê o sol do lado oposto ao que via de manhã Esse lado é o oeste e estará à sua esquerda – porque o boneco – está com a face voltada para o norte. Então pode-se perguntar de que lado da localidade os alunos veem o sol no final do dia. Esses estabelecimentos estarão, portanto, do lado do oeste.

Esta atividade com o globo terrestre sobre os pontos de orientação deve ser retomada e associada a registros (desenhos) da observação do movimento aparente do sol.

É ainda através da observação do globo terrestre que o professor conseguirá mostrar a continuidade espacial, iniciando com a observação e identificação de áreas e localidades da superfície terrestre, espaços próximos e distantes, possibilitando ao aluno perceber o espaço terrestre como um todo, no qual se insere seu espaço cotidiano. Evita-se, desta forma, a visão estanque e segmentada dos espaços que ocorre comumente quando se parte do próximo (local do aluno) para o distante (outros continentes).

Trabalho com Fotos

É uma atividade com fotos do prédio da escola para percepção da descentração e coordenação dos pontos de vista.

Deve-se tirar fotos de vários ângulos do prédio da escola, mas principalmente de frente, trás, lado esquerdo e lado direito. Se as posições oblíquas forem significativas podem ser incluídas. As fotos devem ser bem diferenciadas para desenvolver as seguintes experiências:

a) dando a foto para a criança, pedir-lhe que identifique a posição de onde foi tirada a foto;

b) colocando-se a criança em diversas posições, pedir-lhe que verifique a que foto corresponde cada uma das posições.

O professor pode substituir o prédio da escola por brinquedos, mobiliário, carros, animais, etc., mantendo o objetivo de mostrar para a criança a diferenciação dos pontos de vista.

Trabalho com Maquete

Piaget mostrou uma experiência para desenvolvimento da coordenação de pontos de vista, com maquete de montanhas (vide foto 14, página 73).

Vista de um ponto, a criança enxerga o riacho e as três montanhas. Vista de outro, a criança enxergará a montanha maior e a média, mas a montanha menor ficará encoberta pela montanha maior, por ser menor e por estar atrás dela, etc.

Em cada posição, o professor pode trabalhar de duas formas: mostrando a foto para o aluno identificar o local de onde ela foi tirada; ou colocando o aluno em uma posição, e pedindo-lhe que descubra a foto que tiraria dali, como se procedeu com as fotos do prédio escolar.

Trabalho com Varetas

Este trabalho é importante para melhoria da compreensão de equivalência e medidas proporcionais.

Faz-se varetas de 1 m, 10 cm, 2 m, etc.

As crianças podem medir tudo que encontram na sala de aula ou no pátio.

Devem perceber que podem utilizar dez varetas de 10 cm ou uma vareta de 1 m, duas de 1 m ou uma de 2 m ou vinte de 10 cm.

No lugar de varetas, podem ser utilizados barbantes coloridos para cada medida. Pode-se também utilizar medidas com objetos do cotidiano – caderno, estojo, livro, etc.

O professor pode ensinar os alunos a registrarem essas medições – carteira = 1 m x 0,80 m ou 4 cadernos ou 2 cadernos, etc.; caderno = 1 vareta de 10 cm e 5 varetas de 1 cm.

Cartas Enigmáticas

Para preparo da função simbólica, ligação do significado/significante e importância da legenda, é interessante o trabalho com cartas enigmáticas. As atividades devem ser apresentadas como introdutórias ao desenvolvimento da representação espacial, quando se utilizar efetivamente os símbolos e sua decodificação, a legenda.

Convenção para o Dia a Dia

Deve-se estabelecer certas convenções para o comportamento ou ações da classe. Quando o professor pendurar o cartão azul, os números ímpares podem ir ao pátio beber água. Quando o cartão for amarelo, o lanche será na quadra, etc.

Essas combinações devem nascer da criatividade da classe, assim como das necessidades surgidas durante o desenvolvimento das aulas. Desta forma há o estímulo para a criança prestar atenção aos códigos estabelecidos, a fim de não perder as vantagens pertinentes ao seu caso. Paralelamente, desenvolve-se a função simbólica.

Representação Dinâmica

Ao concluir a planta da sala de aula, o professor deve sugerir que se mude a organização das carteiras (grupal, fileiras alternadas, mesa central com a união das carteiras, painel, etc.). E mapeia-se a nova organização.

Jardinagem e Paisagismo

Deve-se propor aos alunos que façam um projeto para a melhoria visual do jardim da escola. O professor pode sugerir que observem os jardins das vizinhanças, no caminho casa-escola, façam pesquisas com jardineiros sobre nomes das plantas, cuidados necessários, locais adequados, etc.

Os alunos podem se dividir em equipes ou responsabilizar-se por setores do jardim; setor-área ou setor-plantas. Ao propor um determinado modelo de jardim, devem elaborar legenda para que os outros compreendam o desenho.

A integração com *ciências* é evidente, pois serão discutidos tipos de plantas, tempo de maturação, cuidados, melhoria do solo, arejamento, espaçamento, etc.

A integração com desenho geométrico se dará ao nível da divisão do espaço de forma organizada e esteticamente apresentável.

Este tipo de atividade é produtiva no sentido de o aluno perceber a importância do projeto-croqui no papel como algo visualmente compreensível.

O professor pode fazer um varal de todos os projetos, numerá-los e organizar um concurso, pedindo para que todos os elementos da escola (professores, alunos, serventes, secretários) votem. O professor deve alertar para a importância da legenda a fim de que as pessoas consigam entender exatamente o que foi projetado.

CONCLUSÃO

Não foi intenção deste livro trazer conclusões fechadas a respeito da educação cartográfica, mas conscientizar da sua importância.

Esperamos ter trazido à tona o fato de que essa educação, que envolve o domínio cognitivo e a representação do espaço, é tão importante quanto a aprendizagem da escrita e da matemática.

O desenvolvimento da noção de espaço e sua representação não surge em função das tarefas dadas em sala de aula. Procuramos mostrar que o professor pode de maneira indireta estimular o estabelecimento de todos os tipos de relações espaciais entre os objetos em diversos momentos.

É através da ação em seu espaço cotidiano e da reflexão sobre ela que a criança terá oportunidade de chegar à abstração reflexiva ou à concepção do espaço e sua organização. Neste livro demos alguns exemplos de atividades que provocam o aluno neste sentido.

Esperamos que os professores prossigam inventando outras atividades, usando a criatividade em interação com o aluno em seu meio.

LEIA MAIS

GEOGRAFIA NO ENSINO BÁSICO
questões e propostas
Shoko Kimura

Geografia no ensino básico: questões e propostas discute o papel e a importância do conhecimento geográfico para a formação do jovem brasileiro. O objetivo é mostrar que o ensino de Geografia encontra-se no interior das preocupações voltadas para a qualidade do trabalho docente.

Isso significa ter a preocupação com os objetos de análise produzidos pela Geografia. Significa, também, considerar o sujeito que integra essa produção e se dispor a conhecê-la. Para que serve um conhecimento que não se dissemina socialmente?

A autora procura, desde o início, apontar para uma relação inevitável e uma condição essencial. Esse é o duplo foco necessário cujo ponto de vista deve ser observado nos vários espaços educativos no qual o ensino da Geografia pode ser desenvolvido.

A obra está dividida em duas partes. Na primeira, "Escola e ensino de Geografia", a escola aparece na perspectiva de uma teia de relações que dão conta das múltiplas facetas da vida escolar. Na segunda parte, "Um exercício de ensinar-aprender Geografia", a autora busca estabelecer relações entre o professor e os alunos em direção a formação de um aluno indagativo e especulador. O saber que se quer que o aluno construa é visto na lógica em que os saberes novos são sempre saberes provisórios, por mais conclusos que eles possam ser.

Cadastre-se no site da Contexto
e fique por dentro dos nossos lançamentos e eventos.
www.editoracontexto.com.br

Formação de Professores | Educação
História | Ciências Humanas
Língua Portuguesa | Linguística
Geografia
Comunicação
Turismo
Economia
Geral

Faça parte de nossa rede.
www.editoracontexto.com.br/redes

Promovendo a Circulação do Saber